谁玩谁聪明的
366
个益智游戏

赵帅通 编著

广西人民出版社

图书在版编目（CIP）数据

谁玩谁聪明的 366 个益智游戏 / 赵帅通编著. —南宁：广西人民出版社，2013.3
ISBN 978-7-219-08215-7

Ⅰ.①谁… Ⅱ.①赵… Ⅲ.①智力游戏 Ⅳ.①G898.2

中国版本图书馆CIP数据核字（2012）第 296388 号

监　　制　白竹林
策划编辑　梁凤华
责任编辑　覃结玲
责任校对　唐柳娜
封面设计　王　霞
印前制作　麦林书装

出版发行　广西人民出版社
社　　址　广西南宁市桂春路 6 号
邮　　编　530028
网　　址　http://www.gxpph.cn
印　　刷　广西大一迪美印刷有限公司
开　　本　710mm×1010mm　1/16
印　　张　15.5
字　　数　180 千字
版　　次　2013 年 3 月　第 1 版
印　　次　2013 年 3 月　第 1 次印刷
书　　号　ISBN 978-7-219-08215-7/G・1725
定　　价　26.80 元

目 录

第一章 发散思维游戏

1. 烧不坏的纸锅 …………002
2. 不被承认的彩票 …………002
3. 妙招 …………002
4. 水往高处流 …………002
5. 会吹气球的瓶子 …………003
6. 孔明灯飞起来了 …………003
7. 让谁上车 …………003
8. 问路 …………003
9. 哪个星球 …………004
10. 快乐的青蛙 …………004
11. 妙取硬币 …………004
12. 房间分配 …………004
13. 囚徒的智慧 …………005
14. 怎样带走20个鸡蛋…………005
15. 有趣的故事 …………005
16. 看台 …………006
17. 消失的水 …………006
18. 比面积 …………006
19. 《圣经》阅读计划 …………007
20. 扔球 …………007
21. 是双胞胎吗 …………008
22. 智采草莓 …………008

23. 房子在哪里 …………008
24. 抓果冻 …………008
25. 猴子掰玉米 …………008
26. 熊的颜色 …………009
27. 水上漂针 …………009
28. 正常国与反常国 …………009
29. 单摆 …………009
30. 男孩还是女孩 …………010
31. 出征 …………010
32. 收音机里的声音 …………010
33. 人和魔鬼 …………010
34. 孰对孰错 …………011
35. 扔石头 …………011
36. 坐座位 …………011
37. 找关系 …………011
38. 称重 …………011
39. 纸上的字 …………012
40. 两个好朋友 …………012
41. 寻找绿茶 …………012
42. 选择园林设计师 …………013
43. 朵拉公主买地 …………013
44. 抓强盗 …………013
45. 神奇的地方 …………014
46. 宝盒里的画像 …………014
47. 老虎过河 …………014

48. 入睡妙招 ·················014
49. 好人好事 ·················015
50. 孩子吃饼 ·················015
51. 公蚊子还是母蚊子 ·········015
52. 先点哪一个 ··············015
53. 秘密电文 ·················016
54. 牢房的犯人 ··············016
55. 有毒的苹果 ··············016
56. 平平捉鸟 ·················016
57. 煮鸡蛋 ···················016
58. 最大的数字 ··············017
59. 脑力体操 ·················017
60. 两米宽的河 ··············017
61. 四大美女 ·················017
62. 倒咖啡 ···················017
63. 兄弟姐妹 ·················018
64. 三只桶的称量 ············018
65. 财主撕字 ·················018
66. 真假之辨 ·················019
67. 玉雕之谜 ·················019
68. 过桥 ·····················019
69. 飞机在哪里 ··············019
70. 筷子搭桥 ·················019
71. 一样的考卷 ··············020
72. 能否看到对方的脸 ········020
73. 猜猜是什么 ··············020
74. 拿钻石 ···················020
75. 为啥常去口腔医院 ········020
76. 平分红酒 ·················020
77. 抽烟 ·····················021
78. 邮票几枚 ·················021
79. 家庭关系 ·················021
80. 哪个小球是次品 ··········022

81. 木桶落雨 ·················022
82. 牛的尾巴 ·················022
83. 机智的电话 ··············022
84. 天上掉下番茄汁 ··········023
85. 夫妻之间的共同点 ········023
86. 奇怪的家庭 ··············023
87. 公交车上的谈话 ··········023
88. 称糖 ·····················024
89. 得分趣事 ·················024
90. 谁的照片 ·················024
91. 富翁的财产 ··············024

第二章 探案游戏

92. 花瓣里的珍珠 ············026
93. 完好的邮票 ··············026
94. 走私的秘密 ··············027
95. 被害的独居者 ············027
96. 密码箱不见了 ············028
97. 荒岛残生 ·················029
98. 妻子的演技 ··············029
99. "墨镜"的指证 ···········030
100. 葛教授之死 ·············031
101. 算命先生之死 ···········031
102. 一场阴谋 ···············032
103. 谁是小偷 ···············033
104. 三个少年的"假设" ······033
105. 羊圈里的手枪 ···········034
106. 法医的判断 ·············034
107. 挂国旗的水手 ···········035
108. 贝利的新娘 ·············035
109. 背后中箭 ···············036
110. 判错了 ·················037

111. 雪夜贼影 ·············037
112. 肇事车的车牌号码 ·········038
113. 酒窖迷案 ·············038
114. 手印 ···············039
115. 住宅楼里的惊叫 ·········039
116. 文公吃肉 ·············040
117. 银钗杀人案 ············041
118. 离奇火灾 ·············041
119. 聪明的女盗 ············042
120. 是谁杀了研究生 ·········043
121. 一起失踪案 ············044
122. 凶器是什么 ············045
123. 鬈发男之死 ············046
124. 树顶取货 ·············046
125. 露馅的狗 ·············047
126. 起火的香菇棚 ···········047
127. 一笔医疗费 ············048
128. 真假钻石 ·············048
129. 风琴家之死 ············049
130. 行凶时间 ·············050
131. 雨伞是干的 ············050
132. 真伪证词 ·············051
133. 花坛里的花匠 ···········051
134. 怪盗的指纹 ············051
135. 蜘蛛网之谜 ············052
136. 多出来的人 ············052
137. 英国人的遗书 ···········053
138. 100美金 ·············053
139. 停电之后 ·············054
140. 谁是盗窃犯 ············055
141. 碰运气的侵入者 ·········055
142. 病人被杀案件 ···········056
143. 盲人开枪 ·············056

144. 悬赏启事 ·············056
145. 因为遗产 ·············057
146. 涂指甲油的女子 ·········057
147. 话中真意 ·············058
148. 被劫持的小薇 ···········059
149. "看不见"的凶器 ········059
150. 马棚里的尸体 ···········060
151. 博士破案 ·············061
152. 金发迷案 ·············061
153. 野餐过后 ·············062
154. 破裂的防盗玻璃 ·········062
155. 自行车的行踪 ···········063
156. 被敲死的琳达 ···········063
157. 法官的审判 ············064
158. 百合之谜 ·············065
159. 海底深处的血案 ·········065
160. 谍报人员的失误 ·········066
161. "母女"情深 ···········067
162. 神秘算式 ·············068
163. 南瓜饼 ···············068
164. 县令审案 ·············069
165. 钻石失窃案 ············069
166. 演员的手段 ············071
167. 当天空出现彩虹 ·········072
168. 庄园里的老姬 ···········073
169. 高明的作案 ············074
170. 为什么是诬陷 ···········075
171. 画家神秘死亡 ···········075
172. 谁毒杀了敲诈者 ·········077
173. 秘密地道 ·············079
174. 溺水之死 ·············080
175. 车痕 ···············080
176. 谁杀了画家 ············081

177. 凶手是如何作案的 ·············083
178. 冬夜命案 ·····················083
179. 案发何时 ·····················084
180. 男歌星的死亡 ·················085
181. 谁杀了护士 ···················086
182. 蒙蔽警方的凶手 ···············086
183. 化学家的助手 ·················087
184. 欢快的游鱼 ···················088

第三章　数学游戏

185. 妈妈的桌布 ···················090
186. 神奇的"7" ··················090
187. 想一想 ·······················090
188. 赚了还是赔了 ·················090
189. 有多少人考试 ·················090
190. 50个数相乘 ···················091
191. 百鸟 ·························091
192. 大圆与小圆 ···················091
193. 猜数字 ·······················091
194. 电话号码 ·····················092
195. 数学家的年龄 ·················092
196. 卖小鸡 ·······················092
197. 合适的数字 ···················093
198. 星期几 ·······················093
199. 买布 ·························093
200. 飞鸟 ·························093
201. 出现过多少次5 ················094
202. 平行四边形 ···················094
203. 路标 ·························094
204. 一道算式的争论 ···············094
205. 她多大 ·······················094
206. 酒鬼有几个 ···················095

207. 圆圈与数字 ···················095
208. 完成谜语 ·····················096
209. 与众不同的数字 ···············096
210. 竖形数列 ·····················096
211. 烧香 ·························097
212. 求和 ·························097
213. 等式 ·························097
214. 问号代码 ·····················098
215. "账面"价值 ··················098
216. 加错页码 ·····················098
217. 按时归队 ·····················099
218. 排列数字 ·····················099
219. 固定的数 ·····················099
220. 代表哪一个数字 ···············100
221. 角度 ·························100
222. 爬井的青蛙 ···················100
223. 细长玻璃杯 ···················101
224. 走失的数字 ···················101
225. 最大的整数 ···················101
226. 数字之和 ·····················102
227. "奥赛"试题 ··················102
228. 推算生日 ·····················102
229. 填数字 ·······················103
230. 左撇子，右撇子 ···············103
231. 数字相加 ·····················103
232. 谁留下的墨迹 ·················104
233. 下一个数 ·····················104
234. 出生日期 ·····················104
235. 有趣的珠子 ···················104
236. 纸牌 ·························105
237. 射击比赛 ·····················105
238. 5个阿拉伯数字 ················105
239. 算式成立 ·····················105

240. 两桶红酒 ·············105
241. 9个空格 ·············106
242. 找规律 ·············106
243. 报数问题 ·············107
244. 字母组合 ·············107
245. 给工人付费 ·············107
246. 教授的女儿 ·············107
247. 吃饼干 ·············108
248. 百米赛跑 ·············108
249. 神秘的字母A ·············108
250. 会出太阳吗 ·············108
251. 求面积 ·············108
252. 多才多艺 ·············109
253. 神奇的数字 ·············109
254. 水果拼盘 ·············110
255. 笼中物 ·············110
256. 钱包 ·············110
257. 和尚分馒头 ·············110
258. 没收钱币 ·············111
259. 猜年龄 ·············111
260. 速算 ·············111
261. 分羊 ·············111
262. 能喝多少瓶雪碧 ·············112
263. 算一算 ·············112
264. 多少小方格 ·············112
265. 猜数字 ·············112
266. 真实的年龄 ·············113
267. 认真的天平 ·············113
268. 白珠与黑珠 ·············113
269. 4个4 ·············114
270. 魔幻方框 ·············114
271. 数字巧推 ·············114
272. "排兵布阵" ·············114

273. 共卖出多少鸡蛋 ·············115
274. 蚂蚁搬面包 ·············115
275. 书的价格 ·············115

第四章 图形游戏

276. 拼图游戏 ·············118
277. 猫鼠游戏 ·············118
278. 房子变球门 ·············119
279. 箭头朝向 ·············119
280. 五角星 ·············119
281. 哪个不一样 ·············120
282. 曲线半径 ·············120
283. 贪玩的蜗牛 ·············120
284. 哪个面积大 ·············121
285. 城堡 ·············121
286. 错误 ·············122
287. 神秘的图形 ·············122
288. 似是而非 ·············123
289. 隐藏的图形 ·············124
290. 一起数一数 ·············124
291. 大圆变小圆 ·············124
292. 镜中成像 ·············125
293. 连点画图 ·············125
294. 宝石迷阵 ·············126
295. 巧分月牙 ·············126
296. 补缺 ·············127
297. 一笔画 ·············127
298. 巧分蛋糕 ·············128
299. 巧拼图形 ·············128
300. 分割正方形 ·············128
301. 杯子中的金币 ·············129
302. 错误的多面角 ·············129

303. 拯救行动 …………… 130
304. 士兵配对 …………… 130
305. 图形组合 …………… 131
306. 摆摆看 …………… 131
307. 伞和火柴棒 …………… 131
308. 镜子迷宫 …………… 132
309. 奇怪的文字 …………… 132
310. 哪部分无法被光照到 ……… 133
311. 字母大变身 …………… 133
312. 图形大搜捕 …………… 133
313. 谁最特殊 …………… 134
314. 这是几点 …………… 134
315. 错变对 …………… 135
316. "象"形文字 …………… 135
317. 轨迹想象 …………… 135
318. 不变的数字 …………… 136
319. 连点画方 …………… 136
320. 破损的宝塔 …………… 137
321. 巧送牛奶 …………… 137
322. 六边形 …………… 138
323. 龟信 …………… 138
324. 空中解绳 …………… 139
325. 隐藏的短语 …………… 139
326. 直尺曲线 …………… 140
327. 有多少个等边三角形 ……… 140
328. 变小 …………… 140
329. 麦秆提苏打瓶 …………… 141
330. 神秘的金字塔 …………… 141
331. 三户人家 …………… 141
332. 画线 …………… 142
333. 国际象棋 …………… 142
334. 找图形 …………… 143
335. 店铺猜猜看 …………… 144

336. 等方孔圆 …………… 144
337. 找缺口 …………… 145
338. 骨牌 …………… 145
339. 水中鱼 …………… 145
340. 移动铜板 …………… 146
341. 高明的裁剪师 …………… 146
342. 龙虾的头 …………… 147
343. 颠倒三角形 …………… 147
344. 飞船 …………… 147
345. 小猪转向 …………… 148
346. 授奖台 …………… 149
347. 正方形叠放 …………… 149
348. 符号分解 …………… 149
349. 黑点方格 …………… 150
350. 你看到了什么 …………… 151
351. 排列规律 …………… 151
352. 美女还是帅哥 …………… 152
353. 火柴变字 …………… 152
354. 巧断连环诗 …………… 152
355. 两个单词 …………… 153
356. 等距画点 …………… 153
357. 巧画平行线 …………… 153
358. 分隔术 …………… 154
359. 音符 …………… 154
360. 骨牌覆盖棋盘 …………… 155
361. 找寻猫尾 …………… 155
362. 藏在猫脸中的老鼠 ……… 156
363. 六角变花 …………… 156
364. 巧锯正方形 …………… 157
365. 转移 …………… 157
366. "皇后"走格子 …………… 158

答　案 …………… 159

第一章　发散思维游戏

1. 烧不坏的纸锅

现在请你用厚纸和铁丝做一个纸锅，煮一个鸡蛋来做一个实验。你会发现纸锅一点儿也不会被火烧坏。这是什么原因呢？

2. 不被承认的彩票

詹姆斯因为严重的心脏病被送进了医院。在收詹姆斯入院的时候，负责照顾他的护士发现他口袋里有几张赌马的彩票。护士认为，詹姆斯康复之前不应该接触彩票，就代他保管起来。因为她认为，彩票会产生一种心理压力，不利于詹姆斯的身体恢复。詹姆斯做完手术休息了两周后，护士给他送来了日报以及他的彩票和钱包。对照着报纸和第一张彩票，詹姆斯发现他押的第一匹马以50∶1赢了，而他在这匹马上押了50美元。离开医院后，他马上就打电话，要拿到自己赢得的2500美元奖金。但是，对方拒绝支付这笔奖金。你知道为什么吗？

3. 妙招

北方某航道管理局的小王提出一个提前通航的计划。领导说："河道被冰封住，如何提前通航？难道要造艘破冰船？"小王说："我这个计划靠的是太阳光！"想一想，小王提出什么办法能使河道提早通航？

4. 水往高处流

点燃蜡烛，在盘子里滴几滴蜡油，把蜡烛固定在盘底上。把水倒入已经固定了蜡烛的盘子里，把玻璃杯罩在蜡烛上，你会看到蜡烛仍在燃烧，过一会儿杯内的水在往上升。再过一会儿，蜡烛熄灭，水还在继续上升，最终水会到达玻璃杯的某一个地方。想一想，水为什么会往高处流？

5. 会吹气球的瓶子

一天，老师带领同学们做了一个实验，他先把一些白色粉末状的物体装入瓶子，再将醋倒入瓶中，然后迅速把气球套在瓶口的位置上，气球竟然被吹了起来，同学们都很惊讶，你能解释其中的道理吗？

6. 孔明灯飞起来了

这天晚上，爷爷给上小学五年级的王明买了一个孔明灯。看着越飞越高的孔明灯，王明十分兴奋，就问爷爷孔明灯为什么会飞起来呢，爷爷耐心地讲了起来。亲爱的朋友，你理解其中的奥妙吗？

7. 让谁上车

在一个暴风雨的深夜，有个小伙子开车路过一个公交车站，看到有三个人正在等公共汽车。其中一个是患重病的老人，急需到医院进行救治；一个是医生，曾经救过小伙子的命，小伙子做梦都想报答他；一个是小伙子心仪已久的姑娘，错过此次接触的机会，也许再也无机会。但此时车上只能搭载一个人，小伙子该怎么办？

8. 问路

一个行人问寓言作家伊索："请问，到最近的村子还得走多长时间？"

伊索说："你就走吧！"

行人说："我知道走，但请你告诉我需要多长时间。"

伊索说："你就走吧！"

行人想，这个人可能是个疯子，于是继续向前赶路。

过了一会儿，伊索大声对他喊道："再过一小时你就到了！"行人回头大声问："为什么刚才你不告诉我呢？"

是呀，伊索为什么刚才不告诉他，而要过一会儿才告诉他呢？你知道这是为什么吗？

9. 哪个星球

机器猫说："在一个星球上，当你扔出一块石头后，它只在空中飞一小段距离就停顿在半空中，再向你的方向飞回来，当然它绝不是碰到了什么东西被弹回来。"你知道机器猫说的是哪个星球吗？

10. 快乐的青蛙

一只快乐的小青蛙掉进一口井壁光滑的枯井里，井深 2 米，青蛙很焦急，用力往外跳，它每次只能跳 50 厘米，问需要跳几次才能跳出枯井呢？

11. 妙取硬币

硬币掉进装满了水的瓶子里。如果不把水倒掉，也不把瓶子摔破，只给你一根吸管，你该如何把硬币取出来呢？

12. 房间分配

有一家旅店，共有 12 个房间，依次为 1 号，2 号，3 号……12 号。一天，来了 13 位客人，要求各自单独住一间房间。旅店老板思索了一番，想出一个满足大家要求的办法：他先让 2 个客人暂时住进 1 号房间里，然后把其余的客人按顺序依次分配房间。于是 1 号房间住进了 2 个人，3 号客人住在 2 号房间里，4 号客人住在 3 号房间，5 号客人住在 4 号房间……12 号客人住在 11 号房间。最后，再把最先安排的 13 号客人从 1 号房间转到还空着的 12 号房间里。于是皆大欢喜，13 位客人都满意地单独住进了 12 个房间里了。这样的安排可能吗？

13. 囚徒的智慧

古希腊的时候，有一批囚徒即将被处死。当时娱乐方式特别少，国王和贵族们经常以杀人玩游戏。因为杀的人太多，所以这次国王想换种方式杀了这批囚犯。

有位大臣建议：让他们任意挑选一种死法，就是让囚徒任意说一句话——如果说的是真话，就绞死；如果说的是假话，就砍头。

国王觉得这个建议实在是太好了，便采纳了大臣的建议。结果，这批囚徒不是因为说了真话而被绞死，就是因为说了假话而被砍头；或者是因为说了一句不能马上检验是真是假的话，而被看成是说假话砍了头；或者是因为讲不出话来被当成说真话而被绞死。

国王看到囚徒们一个个被处死，很是开心。

在这批囚犯中有一个很聪明的人，名叫门拉，他看到国王这样无聊地拿杀人取乐，心里很是不满。于是他就想着能用什么办法来打破国王的无聊，争取生存的权利。等轮到他进行选择的时候，他说了一句话，使得国王既不能砍他的头，又不能将他绞死，最后众大臣也没想出办法让他死，只好释放了他。

门拉说了句什么话呢？

14. 怎样带走20个鸡蛋

贝贝打完篮球，穿着背心、短裤，抱着篮球准备回家，突然想起妈妈让他回去时买20个鸡蛋，可是没有其他工具，这些鸡蛋又该怎么拿回去呢？

15. 有趣的故事

甲耳朵听不见，但他却不愿让别人知道自己是聋子。一天，甲请几位朋友吃饭，一位朋友讲了一个有趣的故事，大家都笑了，甲也跟着大笑，并说这真是一个有趣的笑话。然后甲又郑重地宣布说："我也要给你们讲一个更有趣的故事……"果然，当甲把故事讲完，大家的确笑得更厉害了。你知道甲讲的是一个什么故事吗？

16. 看台

下图是一座看台，观察后可知上面可以站6个人，但是现在有7个人，你能替多出来的那个人找个地方吗？

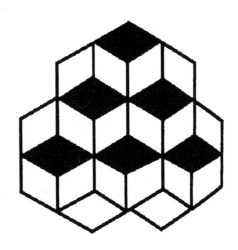

17. 消失的水

住在山谷中的志明突然想吃泡面，便支起小锅来烧水。水快开了才发现家里的泡面已吃完了，急急忙忙到山脚下的杂货店去买。30分钟后回到家，发现锅里的热水全都不见了。这究竟是为什么？

18. 比面积

如图所示，有两块大小差不多、用同一块铁皮切割而成的不规则铁皮板。如用尺子量各自的面积有困难。采用什么方法可以比较出它们面积的大小呢?

19. 《圣经》阅读计划

大约4世纪的时候,英国有个名叫亚当斯的惯盗,多年来一直行凶作案,终于被抓,并准备处以极刑。

当时的英国国王是詹姆斯六世,他因钦定《圣经》而闻名。亚当斯抓住了这个机会对狱卒说:"听说国王喜欢《圣经》,为表示对国王的忠心,临死前我想读一读《圣经》,请国王允许我把《圣经》读完后再死。"

狱卒马上把亚当斯的想法上奏给了国王,国王听了狱卒的上奏后,说:"满足他的愿望吧,在他读完《圣经》之前,暂停执行死刑。"得到国王的许可,亚当斯欣喜若狂,他当即写了一份阅读计划交给审判官,并说自己要好好品读《圣经》,直至背下来。审判官顿时醒悟,国王上当了。实际上亚当斯借此取消了自己的死刑。

你知道聪明的亚当斯是怎样借机取消自己的死刑的吗?他的阅读计划是什么?

20. 扔球

如果你手里有一个球,用力把球扔出去,不许往墙上扔,也不许在球上捆什么东西,而要使球又回到你身边来,有什么办法吗?

21. 是双胞胎吗

有两个漂亮的小女孩同时考上了一所学校，她们不仅长得一模一样，出生年月日和父母的名字也都相同。但是，她们却说自己不是双胞胎，这是怎么回事？

22. 智采草莓

东东帮邻居老奶奶去采草莓。正赶上老爷爷外出，老爷爷外出之前将一条狗拴在圆形田地中央的木桩上，用以看护草莓。圆形田地的半径为 5 米，因而狗刚好能跑到整块地边缘。狗不认识东东，所以东东不敢贸然去采。怎样才能采到草莓呢？

23. 房子在哪里

地球上有一所房子，当你在房子周围走一圈，确定四个方向时，会发现四周的方向都一样。这所房子到底在哪里？

24. 抓果冻

你有一桶果冻，其中有黄色、绿色、红色三种，闭上眼睛，抓取两个同种颜色的果冻。抓取多少个就可以确定你肯定有 2 个同一颜色的果冻？

25. 猴子掰玉米

猴子每分钟能掰一个玉米，在果园里，一只猴子 5 分钟能掰几个玉米？

26. 熊的颜色

一只熊向南走一里，向东走一里，然后又向北走了一里，最后回到起点。这只熊是什么颜色的?

27. 水上漂针

邻居小何是一个十分喜欢餐后娱乐的人。这天，他对人说："我能让一根钢针漂浮在水上。"想一想他是怎么做到的。

28. 正常国与反常国

阿凡提旅行时来到一个奇怪的地方，这个地方有两个国家，一个是正常国，一个是反常国。正常国没有什么，反常国却大不相同，他们只用点头或摇头来回答，而且他们说的是反话。阿凡提很想知道他所在的是何国。他怎样才能提一个问题便判断出这是何国呢?

请问，你能想到阿凡提是怎样来判断的吗?

29. 单摆

图中是一个单摆，绳一头系着一个小球，当球摆到最高点的一刹那，绳子突然断了，请问球将如何落下?

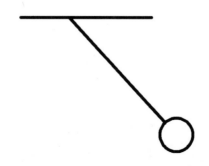

30. 男孩还是女孩

过年的时候，穿上新衣的一个小女孩和一个小男孩相遇了。穿红衣服的孩子说："我是个男孩。"另一个穿蓝衣服的孩子说："我是个女孩。"他们的父母都笑了，因为他们知道这两个孩子至少有一个在撒谎，那么，你能判断出穿红衣服的到底是男孩还是女孩吗？

31. 出征

据说，古希腊哲学家泰勒斯曾经做过吕底亚王克劳苏部下的一名士兵。一次，吕底亚王率部出征，来到一条河边。由于河水较深、水流湍急，又没有桥梁和渡船，吕底亚王无可奈何，只能望河兴叹。正当吕底亚王束手无策之际，泰勒斯献了一条计策，使大部队在一无桥梁，二无渡船的情况下，顺利地渡过了河。泰勒斯献了一条什么计策？

32. 收音机里的声音

某地发生了大地震，伤亡惨重，收音机里不断传出受灾情况以及寻人启事，一位老大爷的孙子也在当地工作，他一直在注意收听收音机的报道。有人问他："收音机里播放过你孙子的消息吗？"他回答说："没有。"接着他又说："但我知道我孙子肯定平安无事。"请问他是怎么知道的？

33. 人和魔鬼

有一个地方的人分为四类：正常人、神志不清的人、正常的魔鬼、神志不清的魔鬼。对人来说，正常人都说真话，神志不清的人都说假话；对魔鬼来说，正常的都说假话，神志不清的却说真话。

现在要你问一个问题，就确定回答者是人还是魔鬼，你能做到吗？

34. 孰对孰错

汤姆和杰瑞在一块儿看一本漫画书，汤姆指着书的页码说："我们现在看的这页，左右两页页码的和是132。"而杰瑞说："你错了，左右两页页码的和是133。"请你仔细想一想，他们俩谁说得对呢？

35. 扔石头

有一块天然的黑色大理石，在9月7日这天，把它扔到钱塘江里会有什么现象发生？

36. 坐座位

有3对夫妻围坐在圆桌边，他们的座位顺序需满足下面的条件：
1.男人必须和女人坐在一起；
2.每个男人都不能跟自己的妻子坐在一起。
请问满足上面条件的座位方法一共有多少种？

37. 找关系

有一个人，是你父母生的，但却不是你的兄弟姐妹，那么这个人是谁？

38. 称重

你有3个形状相同、重量不同的盒子。用一架天平称它们的重量，你需要称几次就可以把它们由轻到重排列？

39. 纸上的字

纸上写着一项命令，但是，看懂此命令的人，却绝对不能宣读命令。那么，纸上写的是什么呢？

40. 两个好朋友

丁丁和冬冬是好朋友，他们不仅住在同一个院子里，俩人还在同一所学校，同一个班级。但是，每天早上上学的时候，他们都要一个向左走，一个向右走，这是怎么回事儿？

41. 寻找绿茶

有 4 个瓶子分别装有白酒、橙汁、可乐、绿茶，装这些瓶子的盒子外面都贴着标签，装绿茶的标签是假的，其他是真的。

甲瓶子上的标签：乙瓶子里装的是白酒。

乙瓶子上的标签：丙瓶子里装的不是白酒。

丙瓶子上的标签：丁瓶子里装的全是可乐。

丁瓶子上的标签：这个标签是最后贴上去的。

甲、乙、丙、丁各装的是什么？

42. 选择园林设计师

某公司要聘请一位园林设计师，国内许多不知名的设计师前来应聘，总裁让他们自报候选条件，并推荐第二候选人作为自己的助手，总裁认真听完他们的自我介绍。听完以后，他稍微考虑了一下，就决定了人选。你认为，被选中的应该是谁？

43. 朵拉公主买地

在很久以前，欧洲某个王国被另一个国家灭了。国王和王后、王子都被侵略者杀死了，只有小公主朵拉带领一些武士突出包围，逃到了非洲的海岸。

朵拉公主带了一些金币登上海岸，拜访了酋长，"我们都是失去祖国的逃难人，请允许我们在您神圣的领土上买一块土地生活吧！"

酋长见朵拉公主只有几枚金币，便轻蔑地说："才这么一点儿金币就想买我们的土地？那你只能买下用一张牛皮所圈出的土地。"

大家听了都很沮丧，可是朵拉公主却说："大家不必丧气，我有办法用牛皮圈出一块面积很大的土地。"

朵拉公主真的做到了。你知道她是怎么办到的吗？

44. 抓强盗

从前，有一个十分聪明的孩子叫柯南。一次，他和父亲出门，在外地住在一家旅馆内。到了半夜的时候，一个强盗手持钢刀闯进了他们的房间，用刀逼着柯南和他的父亲交出财物，否则就要开始对他们行凶。

这时，打更的梆子声由远而近地传来，心虚的强盗就催促假装在找东西的柯南赶快交出财物来。柯南却告诉强盗："你要是着急的话，你就自己点盏灯来找好了。"就在门外的梆子声越来越近的时候，柯南把压在父亲枕头下的钱交给了强盗。可就在这时候，已经走到他们门口的更夫却忽然大声喊道："抓强盗了，来人啊……"

很快，闻讯赶来的群众就将来不及逃走的强盗抓住了。你知道柯南是怎么向窗户外的更夫发出信号的吗？

45. 神奇的地方

"东方"轮船上的大副说他去过没有春夏秋冬、没有昼夜长短变化的地方，那是什么地方？

46. 宝盒里的画像

琳达有三个宝贵的盒子，分别是金的、银的、铜的，其中一个盒子里放着她的画像。现在她父亲要前来求婚的三个年轻人挑出那个藏有画像的盒子，那么选对的人就可以娶琳达为妻。每个盒子外面都写有一句话，分别是"画像在此盒中""画像不在此盒中""画像不在金盒中"。这三句话中最多只有一句是真的。谁会是那个幸运者呢？到底画像在哪个盒子里？

47. 老虎过河

有3对母子老虎（3只母老虎都会划船，3只小老虎中只有1只会划船）和1条船（一次只能载2只）。3只母老虎不吃自己的孩子，但只要另外的2只小老虎没有其母守护，就会被吃掉。怎样才能让6只老虎安全过河？

48. 入睡妙招

一个人躺在酒店的床上久久难以入睡，他站起来给隔壁房间打了个电话，但是什么都没说，电话通了他就挂掉了。挂掉以后，他很快就睡着了。他为什么要这么做呢？

49. 好人好事

逸飞接到在上海做油漆工的二舅拍来的电报，要他今晚到火车站去接他。由于二舅是第一次来这儿，所以逸飞很早就骑着自行车去了。车到站以后，逸飞左等右等就是不见二舅出站，只得快快而回。谁知，推车进门，却见行李、网袋放得满地都是，原来二舅已经到家了。

逸飞诧异地问二舅："您老一个人初来乍到的，又加上这么多行李，是谁把您送来的？"二舅是个诙谐风趣的老人，听了逸飞的话并不开腔，只是在行李袋里掏出两样东西：一把油漆工用的牛角刀和一张裁得方方正正的写满字的纸。另外又从自己的头上摘下帽子朝侄儿推进来的自行车车头上一放，笑呵呵地对逸飞说："孩子，这刀、纸和车子就是送我来的同志的名字，你猜得出他是谁吗？"逸飞一听，心想：二舅让我猜谜语，准是一物隐一物，拼起来便是做好事的人。他反复思忖，终于想出了答案。

到底是谁送二舅来的呢？亲爱的朋友，你已经猜到了吧？

50. 孩子吃饼

1个孩子吃1个饼要用3分钟，90个孩子吃90个饼要用多少时间？

51. 公蚊子还是母蚊子

阿明被蚊子咬了一大一小两个包，请问较大的包是公蚊子咬的，还是母蚊子咬的？

52. 先点哪一个

在一间房子里，有油灯、暖炉和壁炉。现在，想要将三个器具点燃，可是你只有一根火柴，请问首先应该点哪一样？

53. 秘密电文

破解一个秘密电文：在树最美丽的那天，当时间老人再次把大钟平均分成两半，我将出现在灯火之城的金字塔前，带走那最珍贵的笑容。

请猜：日期、时间、地点、盗走的物品。

54. 牢房的犯人

一间牢房中关了两名犯人，其中一个因犯偷窃罪，要关一年；另一个犯了抢劫杀人罪，却只需关两个星期，为什么？

55. 有毒的苹果

一个苹果被刀切成两瓣，苏岩吃了苹果后中毒身亡。经医生检验，苹果上有剧毒。但同时吃了另一瓣苹果的孟菲却没事。

你知道这是怎么回事儿吗？

56. 平平捉鸟

平平在捉鸟时，发现小鸟躲进了洞里。这个洞很狭窄，手伸不进去，也不能随便用树枝乱戳，因为会伤害到小鸟。你能帮他想出两全其美的办法吗？

57. 煮鸡蛋

罗比特是一名非常著名的男管家，他连续三年因为成功地设计出烹饪比赛的思维游戏而获得大家的尊重。从来没有引起过争议的他，这一次又成功了。他的问题是这样的："如果你只有两个用作计时的沙漏，一个是11分钟的、一个是7分钟的，那么，你如何将鸡蛋煮15分钟呢？"

58. 最大的数字

请用一根绳子，在不断的情况下，尽可能做出最大的数字。

59. 脑力体操

根据南昌起义、武器、莱克星顿，你能猜出什么字？

60. 两米宽的河

5岁的乐乐想要跳过一条两米宽的河，试了很多次都没有成功。但是，后来他什么工具都没有用就成功了，你知道这是为什么吗？

61. 四大美女

一间房间住着四个女孩，都很漂亮。这天，一个在修指甲，一个在梳头发，一个在化妆，一个在看书。

1. 丽丽不在修指甲，也不在看书。

2. 贞贞不在化妆，也不在修指甲。

3. 若丽丽不在化妆，则丫丫不在修指甲。

4. 晶晶不在读书，也不在修指甲。

5. 丫丫不在读书，也不在化妆。

请问，四个女孩各在做什么？

62. 倒咖啡

你知道如何从一杯到杯口的咖啡杯里倒出半杯咖啡吗？

63. 兄弟姐妹

老李夫妇有7个子女，老大至老七分别为甲、乙、丙、丁、戊、己、庚，目前我们知道7个人的如下情况：

1. 甲有3个妹妹；

2. 乙有1个哥哥；

3. 丙是女的，她有2个妹妹；

4. 丁有2个弟弟；

5. 戊有2个姐姐；

6. 己也是女的，但她和庚没有妹妹。

根据这些条件，你能推算出谁是男性，谁是女性吗？

64. 三只桶的称量

有一个商人用一个大桶装了12千克油到市场上去卖，恰巧市场上两个人分别带了5千克和9千克的两个小桶，但他们要买走6千克的油，而且一个买1千克，一个买5千克，这个商人要怎样称给他们呢？

65. 财主撕字

从前有个财主开了一个店铺，经常以次充好、缺斤短两，坑骗顾客。为了吸引顾客，他央求一位著名书法家给他题字。书法家欣然挥毫写了个"恳"字。财主如获至宝，将字幅挂在商店中炫耀。

一天，一位老者见了这幅字，微笑着对财主说："这字是条谜语，影射一层意思。"经指点，财主才恍然大悟，一气之下将字幅撕得粉碎。

你知道这幅字影射了什么吗？

66. 真假之辨

80枚5分硬币中有1枚是假的，它比真硬币重一些。用一架天平去称，不用砝码最少称几次，才能保证找出这枚假硬币来？

67. 玉雕之谜

一位老板为招揽生意，将一件一寸高的玉雕仕女摆在前台以谜会友，说是打一字，凡猜中者便将其赠与。此后，店内天天顾客盈门，只是一连几天都没有人猜中。这天，老板正拿着这"一寸人"夸耀时，一位看起来十分文静的姑娘走进来一把抢过玉雕，转身便走。保安人员正要阻拦，老板说："她猜中了！"

聪明的你知道谜底了吗？

68. 过桥

一条河上有一座独木桥，只能容一个人通过。这时有两人来到桥头，一个南来的，一个北往的，想要同时过桥，如何过去？

69. 飞机在哪里

18次航班从北京飞往广州只需2个多小时，目前飞机飞了1个小时，请问：飞机在什么地方？

70. 筷子搭桥

3根竹筷，3个碗，每2个碗之间的距离都大于筷子的长度，3个碗之间怎样才能用筷子连起来呢？

71. 一样的考卷

在一次监考严密的考试中，有两个学生交了一模一样的考卷。主考官发现后，却并没有认为他们作弊，这是什么原因？

72. 能否看到对方的脸

有两个人，一个面朝南、一个面朝北地站立着，不准回头，不准走动，不准照镜子，问：他们能否看到对方的脸？

73. 猜猜是什么

有一种东西，买的人知道，卖的人也知道，只有用的人不知道，是什么东西？

74. 拿钻石

一楼到十楼的每层电梯门口都放着一颗钻石，钻石大小不一。你乘坐电梯从一楼到十楼，每层楼电梯门都会打开一次，只能拿一次钻石，问怎样才能拿到最大的一颗？

75. 为啥常去口腔医院

小明的爸爸牙齿非常好，可是他经常去口腔医院，为什么？

76. 平分红酒

最开始的时候，9 升罐里的红酒是满的，7 升、4 升和 2 升罐都是空的。

游戏的目的是将红酒平均分成3份（这将使最小的罐留空）。

因为这些罐都没有标明计量刻度，倒酒只能以如下方式进行：使1个罐完全留空或者完全注满。如果我们将红酒从1个罐倒入2个较小的罐中，或者从2个罐倒入第3个罐，这两种方式的每一种都算做2次倒酒。

达到目的的最少倒酒次数是多少？

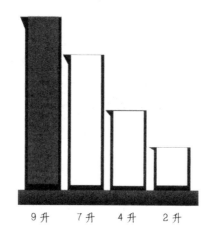

9升　7升　4升　2升

77. 抽烟

电影院内禁止吸烟，而在剧情达到高潮时，却有一男子开始抽烟，整个银幕笼罩着烟雾。但是，却没有任何一个观众出来抗议，这是为什么？

78. 邮票几枚

6角的邮票每打有12枚，那么1.2元的邮票每打有多少枚？

79. 家庭关系

爷爷汤森曾经讲过这个故事。在他的一次生日宴会上，当时有10位家庭成员，此外还有许多客人。其中，有1个祖父和1个外祖父、1个祖母和1个外祖母、3个父亲和3个母亲、3个儿子和3个女儿、1个婆婆和1个岳母、1个公公和1个岳父、1个女婿、1个儿媳、2个弟兄、2个姐妹。

那么，你能判断出参加祖父生日宴会的家庭成员的家庭关系吗？

80. 哪个小球是次品

一家玩具公司生产的一盒玩具球中，有4个小球，每个小球都是按照一定标准的重量制造的。在质检过程中，工作人员发现其中1个小球是次品。现在知道那个次品比其他合格品重一些，如果让你用天平只称量一次，你知道如何判断哪个小球是次品吗？

81. 木桶落雨

院子里有一只木桶，下雨的时候，桶内可以在2小时之内落满雨水。如果这天雨的大小没有变，只是雨是倾斜着落下来的，那么要盛满它需要的时间是长了还是短了？

82. 牛的尾巴

有一头头朝北的牛，它向右转原地转三圈，然后向后转原地转三圈，接着再往右转，这时候它的尾巴朝哪？

83. 机智的电话

一天，福特探长来到金冠大酒店，他发现在这里喝酒的一伙人，正是国际刑警组织在缉捕的一伙在逃走私犯。由于这伙犯罪分子不知道探长的真实身份，所以谁也没注意他。为了迅速捉拿这些人，探长便用电话通知警方。探长装着和女朋友通电话，这伙人听到的电话内容是这样的：

"亲爱的罗莎，您好吗？我是福特，昨晚不舒服，不能陪您去夜总会，现在好多了，全亏金冠大酒店经理上月送的特效药。亲爱的，不要和目标生气，我们会永远在一起的，请您原谅我失约，我的病不是很快就好了吗？今晚赶来您家时再向您道歉，可别生我的气呀！好吧，再见！"

这伙人听了大笑不止，可是5分钟后，警方突然出现在他们面前，他们不得不举手投降。

请问，福特是如何向警方提供情报的？

84. 天上掉下番茄汁

这天，毕博尔家的番茄成熟了，毕博尔淘气的弟弟将自制的番茄汁挤向了他的头，只见红色的番茄汁像一条优美的抛物线，直接向毕博尔的头部射去。弟弟偷偷躲在窗台下面笑，等着看毕博尔出丑。可是等他抬起头，却看到哥哥的头发上什么都没有，就连地上也没有一丝痕迹。你知道这是为什么吗？

85. 夫妻之间的共同点

每对夫妻在生活中都有一个绝对的共同点，那是什么？

86. 奇怪的家庭

一个有着5个孩子的妈妈，向别人介绍的时候总会说，我们家有一半是女孩，别人听后总会哈哈大笑，你知道这是为什么吗？

87. 公交车上的谈话

公交车上，两个人正在热烈地交谈，可围观的人却一句话也听不到，这是因为什么？

88. 称糖

有一个两臂不一样长却处于平衡状态的天平，给你2个500克的砝码，如何称出1000克的糖？

89. 得分趣事

有50名同学参加考试，其中有一道满分为十分的题目，全答对的同学没得到满分，没有全答对的却得到满分，你知道这是为什么吗？

90. 谁的照片

有一个人看照片。当有人问这个人在看谁的照片时，这个人回答说："照片上的人的丈夫的母亲，是我丈夫的父亲的妻子，而我丈夫的母亲只生了他一个孩子。"请问这个人在看谁的照片？

91. 富翁的财产

马克受其老友一位百万富翁的临终嘱咐，把遗产交给富翁的弟弟。富翁是12岁离家出走的，与弟弟分手至今已经60年了，一个月前才知道弟弟在洛杉矶，但没有详细的地址。他交给马克一张发了黄的照片，这是可以帮助找到他弟弟的唯一线索。照片上是两个男孩，摄于60年前，当时两个都是12岁。

马克受托前往洛杉矶，并在那里登了寻人启事，说明此行的目的。收受大笔遗产是很诱人的事，不久，他住的旅馆外就聚集了数十位老翁。

虽然马克没见过富翁的弟弟，也不了解他的其他情况，但他还是在这些人中找出了遗产的继承人。

马克是怎样认出的呢？

第二章　探案游戏

92. 花瓣里的珍珠

私人侦探马丁先生在阿姆斯特丹郊外的一所住宅，被人偷盗了。

盗贼用玻璃刀划开了对着院子的玻璃窗，偷走了马丁太太的珠宝首饰。

警察一边勘察现场，一边向周围的邻居了解情况。

根据邻居们提供的线索，威尔逊警官很快确定了两个嫌疑犯。

两个嫌疑犯中一个是叫汉斯的青年。昨天中午过后，附近的孩子们看见他从马丁家的院子里出来。另一个是叫法尔克的男子，他昨天夜里10点钟左右鬼鬼祟祟地在马丁先生家附近晃悠，被偶然路过的巡逻警察发现。

马丁先生和威尔逊警官一边讨论着这个案件，一边走到了正值夕阳照射的院子里，院子的花坛里正开着各色的郁金香。

这时，目光敏锐的威尔逊警官突然发现一朵红色的郁金香花朵里有一粒珍珠，在夕阳的照射下，正在闪闪发亮。他兴奋地说道："我知道谁是真正的盗贼了。"

你知道威尔逊警官为什么这样说吗？

93. 完好的邮票

英国邮票收藏家汤姆森先生，在纽约的邮票拍卖市场上以15万美元的高价，买下了一枚古邮票。

经考证，这种邮票目前世界上仅存26枚，称得上是邮票界中的珍品了。

拍卖结束后，汤姆森先生悄悄离开拍卖市场。可是，当他走到地下停车场，刚想拉开车门的时候，突然头部被人从背后用钝器击了一下，当即失去知觉。

当他醒来后，见自己的手脚被紧紧地捆绑着，身边围着三个戴着墨镜、凶神恶煞的人。

三个强盗想要从汤姆森手中抢到那张旧邮票，可是汤姆森先生早有提防，已妥善藏好邮票。

　　三个强盗搜遍了汤姆森先生全身上下，拿出了他身上的所有物品，甚至用剃刀将衣服和鞋子内外都剥开了，只找到一张旅行支票、300美元现钞、一块手帕、汽车钥匙，还有一张使用过的明信片。明信片上绘有富士山图案，是从日本寄来的，明信片上贴着一张2010年的邮票。

　　强盗始终没有找到那张邮票，你知道邮票藏在哪里吗？

94. 走私的秘密

　　哈里斯是一名负责检查入境旅客的检查员，他经验丰富，走私品无论藏在木材里还是汽车轮胎里，他都能毫不费力地找出来。走私商人都对哈里斯敬而远之，宁可绕行也不愿从哈里斯的辖区过关，只有思迪除外。

　　思迪每次只从哈里斯的辖区经过，而且每次都主动配合哈里斯的检查工作。让哈里斯恼火的是，他担任检查员20年的时间里，从来没有查到过思迪携带任何走私物品。

　　好几次哈里斯几乎把思迪崭新的宝马轿车拆散，每个零件都取下来详细检查，可也只有随身携带的私人物品。思迪不但不生气，甚至还上前帮忙。最后，毫无办法的哈里斯只好放行。

　　你能帮助哈里斯找到思迪走私的秘密吗？最明显的东西往往最容易被忽略，快试试看吧！

95. 被害的独居者

　　星期日的早上，一位独居的作家被用人发现死在书房里，他的胸部中了两枪。

　　刑警在现场了解到，附近的人没有听到枪声。

　　这时，书房墙上的大钟敲了9下。

　　法医看见一个录音机，便随手打开，里面录的是昨晚晚会的实况转播。当播放到赵本山的小品时，里边传出了两声枪响，紧接着是被害人的呻吟声，然后继续是晚会现场的声音。

"据此可以证明，被害人是昨晚 8 点 57 分遇害的，因为赵本山的小品就是 8 点 57 分开始的。"法医说道。

刑警将磁带转到头重新听了一遍。

"而且，被害人是在别处被杀的。"刑警肯定地说。

"为什么?"法医问。

"被害人是在别处录晚会实况转播时被枪杀的，然后凶手将尸体及这个录音机一起搬来，伪装成他是在这里被杀的。"

"你的根据是什么?"法医问道。

"你再仔细听一遍磁带，里面缺了一种声音。"刑警打开了录音机。

你知道他指的是哪种声音吗?

96. 密码箱不见了

新一届的首饰博览会马上就要在济州市召开了，珠宝设计师安娜提着一整箱她设计的蓝宝石系列首饰，前来参加博览会。

在她下榻的宾馆，接待员露丝接待了她。

安娜让露丝帮她送一杯可乐，然后自己走进了洗漱间。

然而，她的脸还没洗完，就听见外面传来扑通一声。她急忙跑出来，一看，只见露丝歪倒在门口，头上流着血昏了过去。再往床头柜上看，装宝石的密码箱不见了。

安娜急忙按响了报警电铃。

一会儿，警官威尔逊赶来了。他命令保安人员封锁宾馆，救醒露丝，并询问了她。

露丝说："我给安娜小姐送可乐过来，刚跨进房间，就觉得耳边有一阵风吹过，接着头就被什么东西猛砸了一下，眼前一黑就什么也不知道了，恍惚间看见一个蒙面大汉提着密码箱逃走了。"

警官环视了房间，见床头柜上还放着一杯完好的可乐。

他沉思片刻，然后说："我知道谁是嫌犯了，你还是将首饰交出来吧。"

你知道他发现了什么线索吗？

97. 荒岛残生

在一次飞机失事中，只有三个生还者：一个是机上的侍应生杰克，一个是身受重伤的狄德，另一个是狄德双目失明的妹妹贝蒂。他们流落到一个渺无人迹的荒岛上，甚至连一声鸟叫也听不见。

这天，杰克告诉贝蒂，狄德已经死了，贝蒂十分伤心。他们在荒岛生活的几天都是以吃云雀肉维持生命，那些云雀肉都是由杰克烹制的。

某天，拯救人员发现了他们的踪迹，将他们接回城市。贝蒂一回到城市，第一件事便是找一间餐厅，点了一道云雀肉，可是当她吃了数口后，即刻呕吐，并在洗手间自杀死了。

贝蒂为什么要自杀呢？你知道原因吗？

98. 妻子的演技

上午8点30分，阿尔娃刚走进办公室，电话铃便响个不停。

他拿起话筒，"约翰，约翰……"话筒里传来妻子米尔的哭泣声。这时，话筒里又传出一个男子故意变调的声音："阿尔娃，要是不想你太太受伤害的话，就拿出两万英镑。9点15分，有个叫马克的人来找你，把钱交给他，就没你的事了。否则，你的妻子……"说到这里，咔嚓一声电话挂断了。

妻子的抽泣声一直萦绕在阿尔娃的耳边，像鞭子一样抽打着他。他忙离开办公室，走进一家百货商店，买了一个蓝色的小皮箱，然后去银行取出两万英镑，回到办公室。到了9点15分，一个男子走进办公室，两只像狼眼的眼睛凶狠地盯住阿尔娃，说："我叫马克，快把钱给我！"

"我的妻子呢？"阿尔娃试探地询问道。

"她活着，你想报告警察也可以，不过那样的话，"说到这里，马克眼露杀机，逼视着阿尔娃，"你的妻子就没命了！"

马克一离开，阿尔娃便往家里挂电话，可是怎么也打不通。"妻子会不会……"他急疯了，横下心向警察局报了案。随后冲下楼，坐上汽车，火速开往家里。当他好不容易赶到家中时，惊魂未定的米尔已平安无事，正与赶来的警官交谈。

"哦，阿尔娃先生，您太太已把事情经过全告诉我了，说什么一个男人和一个您给绑匪的蓝色皮箱，她怎么也讲不清。现在请您详细讲一讲，到您办公室去的那个男子的外貌特征，以及您给他的那个装钱的皮箱是什么样子。"阿尔娃忙把事情的经过从头至尾、原原本本地叙述了一遍。

半夜三更，夜深人静，阿尔娃和妻子米尔一边喝酒一边聊天。喝着，说着，突然阿尔娃呼地从椅子上弹了起来，给警察局打电话。

"约翰，怎么啦，你发现了什么新线索？"米尔问道。

阿尔娃的脸变得铁青，说："是的，我请他们来审问你！"

米尔大吃一惊，"我？亲爱的，你喝多了！"

"别演戏了！我现在非常清醒，你和那个叫马克的家伙串通一气来敲诈我。"阿尔娃怒不可遏地叫道。

果然，在警官的审问下，米尔只好交代了实情。

你知道为什么吗？

99. "墨镜"的指证

某天夜里，一幢即将被拆毁的破旧楼房五楼的一间房子里发生了一起杀人案。被害人特纳被捆在椅子上，头部遭重击致死。

此案有一个目击者，是大名鼎鼎的名侦探森姆。他在调查另一起案件，路过此地无意中看见这间屋子房门虚掩着，而灯却开着。他很好奇，就进去看了看，结果发现上面的一幕，就马上报了警。

哈尔警官带着大批警察很快抵达现场，经过缜密侦查，发现了一名嫌疑人——被害人的邻居坦普尔。坦普尔曾经因为宠物狗的问题与死者发生过争执，但是他坚决不承认是他杀害了死者。

坦普尔说："我下午还到特纳家去借国际象棋呢。是他本人开的门，戴着一副墨镜，好像刚睡醒的样子。借了象棋后，我就回家了，后来一直没有看到他。"

哈尔警官说："特纳戴着墨镜？你确定是他本人吗？毕竟大白天戴墨镜的人不多。"

坦普尔激动地说："对，的确是他本人。这么多年的邻居我怎么可能认错呢？"

哈尔警官猛地一拍桌子，"你撒谎！在案发现场根本没有发现墨镜，你还是老实交代吧。"

这时，森姆侦探果断地下了结论，对坦普尔说道："凶手就是你！指证你的铁证就是那副墨镜！"

墨镜到底是怎样指证他的呢？

100. 葛教授之死

数学家葛教授出差，住在一家星级酒店里。一天深夜，人们发现他昏迷在酒店的一间包房里，而随身带的钱包却不见了踪影。嫌犯在现场没有留下任何痕迹，只是教授的手里握着一张扑克牌"K"。然而，这间酒店的房门号都是三位数，如果说这张牌代表"013"号房门，酒店又恰好没有这个房间号。但聪明的探长还是一下就明白了，很快抓到了嫌犯。你能想出来探长是怎么抓到嫌犯的吗？

101. 算命先生之死

因电视节目而名声大噪的算命先生有一个怪习惯，在外人面前喜欢蒙着脸。某天夜里，他被人杀害，死因系有人在他的咖啡里下了毒。他的私人生活无人知晓，他长什么样子，过去是干什么的均是个谜，就连死时脸上仍戴着面具。经过调查，嫌疑犯有以下3人：

其同居的情妇——川美子。

他的哥哥——端康。

来请他算命的客人——伊藤博一。

据查，情妇川美子得知算命先生在外拈花惹草，每晚吵闹不休，有充分的作案动机。其兄端康为弟弟借他一大笔钱不还而恼恨在心，杀人现场的金柜被洗劫过，此人也有重大嫌疑。另外，在他被杀当日来访过的伊藤博一也有作案嫌疑。

以上3人在算命先生死亡推定时间内都无不在场证明。那么，嫌犯是哪一个呢？

102. 一场阴谋

三名男子肯达、弗特、哈维在一家饭馆里喝啤酒，突然店内变得一片漆黑。

原来是停电了。

不一会儿，侍者送来了蜡烛，于是，他们接着喝了起来。几分钟后，哈维痛苦地挣扎起来，很快就俯在了桌上，停止了呼吸。

警方经过调查，发现哈维喝的啤酒中，有烈性毒药。

听了警方的报告，探长查斯曼问："停电是偶然的吗？"

"不，3天前就贴出布告通知了。"

"那么，凶手一定是看到布告后做好杀人准备的。这狡猾的家伙利用停电的瞬间，迅速投毒到哈维的啤酒杯中！"探长自言自语地分析道，接着又问了一句，"当时在现场的顾客多不多？"

"不多，只有他们三个人。"

"那么，向酒杯里投毒的凶手不是肯达，就是弗特。"

警方对肯达和弗特随身携带的物品进行了仔细检查，肯达携带的物品有香烟、火柴、手表、胶囊感冒丸、乘车月票和800元美金。弗特携带的物品有手表、手帕、口香糖、记事本、老式钢笔和600元美金。在两人所带的这些物品中，没有可以盛放毒液的容器。侍者证实，肯达和弗特谁都没有离开座位一步。所以，他们没有机会丢弃任何容器。

探长查斯曼将他们两人携带的物品看过之后，立即指出了投毒者是谁。

请你分析一下，精明的探长所断定的凶手是肯达还是弗特？凶手又是用什么东西盛放毒液的?

103. 谁是小偷

釜山刑侦分队在汽车站候车室查询了三个可疑的人。这三个人中有一个是小偷,讲的全是假话,有一个是从犯,说起话来真真假假。还有一个是好人,句句话都是真的。

查询中问及职业,得到的回答是:

甲:我是推销员,乙是司机,丙是广告设计师。

乙:我是医生,丙是百货公司业务员,甲呀,你要问他,他肯定说他是推销员。

丙:我是百货公司业务员,甲是广告设计师,乙是司机。

请问,谁是说假话的小偷?

104. 三个少年的"假设"

星期日晚上,一家乐器商店被盗。盗贼砸碎了商店一扇门的玻璃窗后,撬开三个钱箱,盗走1300克朗,又从橱窗里拿了一只价值10000克朗的喇叭,放在普通喇叭盒里偷走了。

警方调查后把怀疑对象限在汉纳、盖尔和皮特三个少年学徒身上。

三个少年被带到警官海德格面前,桌子上放着三支笔和三张纸。海德格对他们说:"我想请你们帮我查出嫌犯。现在请你们写一篇短文,假设自己是窃贼会怎么做。"

半个小时后,他们的短文如下——

汉纳:我对乐器店进行仔细观察,发觉后院是最理想的下手地方。晚上,我打碎一扇边门的玻璃窗,爬了进去。我先找钱,再从橱窗里拿走一个很值钱的喇叭后溜出了商店。

盖尔:我先用金钢刀在橱窗上剖个大洞。我不会去撬三个钱箱,因为这会发出响声。我会去拿喇叭,把它装进盒子里,藏在大衣下,这样就不会引起人们的注意。

皮特：深夜，我在暗处撬开商店边门，戴着手套偷抽屉里的钱，偷橱窗里的喇叭。等人们忘记这桩盗窃案后，我再出售这只珍贵的喇叭。

海德格于是指着其中一人说："你为什么要干这种坏事？"

这个少年是谁？海德格凭什么识破了他？

105. 羊圈里的手枪

在艾伦神父的教区，有一位叫菲仪的商人。他爱妻早逝，自己心灰意冷，失去了生活的勇气。但是，基督教禁止自杀。如果是自杀，就不能和妻子在一块墓地合葬。他想伪装成他杀，作为寻死的办法。

在妻子的忌日，菲仪在院子里自杀，小型手枪藏得很巧妙。尸体旁边没有凶器，自然会被认为是他杀。

经过搜查，在离菲仪尸体约8米的羊圈中发现了那支手枪。可是，菲仪是用手枪射击自己头部自杀的。他不可能在枪击之后，再把手枪藏到8米外的羊圈里。

警察断定是他杀，使菲仪如愿以偿。但是，艾伦神父一眼就识破了事件的真相。

"菲仪这家伙，企图欺骗我，可我不是傻瓜。尽管如此，我成全你的愿望，把你和妻子合葬于教会的墓地，同归天国为好。阿门。"

羊圈栅栏门并没有打开，羊不能也不会出来把枪叼进羊圈。那么，菲仪是用什么办法将手枪藏到羊圈的呢？

106. 法医的判断

纽约州州长利德斯贪污巨款案发后，逃离居所匿藏了4个多月。当检察官们寻踪觅迹侦查到其隐匿的别墅里时，却发现他已死在床上。

利德斯的右太阳穴上有一个贴着肉开枪的枪洞，被子里的右手上捏着那把结束自己生命的手枪，脸上浮现出痛苦的表情。

床边的写字台上，摊着利德斯写的遗书，遗书中回顾了自己的成长经历和犯罪经过，流露出想自首又怕铁窗生涯难熬，想自杀又留恋人生的矛盾心理。

检察官们一致判断利德斯系自杀，可后来赶到现场的法医却坚持认为绝不可能是自杀。

双方争论起来，你看是谁判断得对呢？

107. 挂国旗的水手

呜——伴随着一声汽笛响起，一艘日本货船准时离开了中国港口。

约1分钟后，船长习惯地抬手看表，猛吃一惊，发现手表丢了。船长暗自寻思：起锚离港的命令是我对着表发出的，明明当时手表还戴着，怎么一会儿就不见了呢？他觉得此事蹊跷，决心要查个水落石出。于是，他命令全体船员紧急集合，谁也不能例外。很快船员们都集合于甲板上。这时，一名水手气喘吁吁地最后进入队列。

船长把他叫到跟前责问道："你为什么迟到？"

水手回答："今天我值日升旗时，因为我把国旗挂颠倒了，就把它纠正过来，耽误了一会儿，所以……"

"所以你就迟到了。请回答，难道这就是你迟到的真正理由吗？"

水手垂下头，不作声了。

船长立即作出判断，指着那个水手当众宣布："我的手表是他偷的！"

确实，手表是那个水手偷的。可是，船长的根据是什么呢？

108. 贝利的新娘

新婚不久的荷兰商人贝利来美国洽谈生意，不料遇上了车祸，不幸身亡。贝利在美国的朋友立即发了份电报，请新娘来美国料理后事。没几天，新娘来到了美国。但令人奇怪的是，来了两个，她们俩都说自己是贝利的新娘。

这使贝利的朋友十分为难，他没有见过贝利的新娘，只知道新娘是荷兰人，天主教徒，是个钢琴师。无奈，他只得请私人侦探罗利来辨别真假。罗利来后询问得知，贝利拥有一大笔财产。按照法律，他的妻子将继承这笔财产。现在两个新娘中的一个一定是想来骗取这笔财产的。

两位女士一个满头金发，另一个皮肤浅黑。罗利看着她们，沉思片刻说："两位女士能为我弹一首曲子吗？"浅黑色肤色的女士马上弹起了一首世界名曲，她的双手在琴键上灵巧地舞动。罗利发现，她右手戴着一枚宝石戒指和一枚钻石婚戒。接着，金发女士也弹了一曲，琴声同样悦耳动听，罗利注意到她只有左手上戴了一枚钻石婚戒。

罗利听完演奏，走到浅黑肤色的女士身边说："你不要再冒充新娘了，快回去吧。"这名女士听了，辩解道："你凭什么说我是冒充的呢？难道我弹得没她好吗？"罗利说了一番理由，浅黑肤色的女士十分难堪地溜走了。

你知道罗利说了什么理由吗？

109. 背后中箭

城源寺刚回到家里，就接到一个报警电话，说晚上11点有个学生死在宿舍楼门前。

城源寺赶到现场，只见死者倒在学生宿舍楼正门外，头朝门，脚朝大道，匍匐在地上，背部垂直射进一支羽箭。显然，死者是外出归来正要开门的时候，背后中箭倒下死去的。

城源寺轻轻地翻动了一下尸体，发现尸体下面有三枚100元的硬币，在灯光的照耀下闪闪发光。城源寺随即检查了死者的衣兜，发现死者的钱夹里整整齐齐地放有10元和100元的硬币。

城源寺站起身，问站在一旁的大楼管理员，"这栋楼有多少学生居住？"

"现在正是暑假期间，学生们都回家了，只剩下麻衣和西川两人。这两人都是射箭选手，听说下周要进行比赛……"管理员讲到这里，抬头看了看学生楼，指着对着正门的二楼房间，"那就是西川的房间。"

"11点左右，西川从二楼下来过吗？"

"没有，一次也没有。"管理员摇头答道。

城源寺来到西川的房间。西川刚刚睡醒，揉着蒙眬的睡眼，吃惊地说："怎么，你们怀疑我杀害了麻衣吗？请不要开玩笑，麻衣是正要开门的时候，背后中箭死的。就算我想杀死他，但从我的窗口里只能看到他的头顶，是无法射到他的背部的啊！"

城源寺走到窗口，探出身子，看了一眼，便转过身，拿出三枚100元的硬币，对西川说："这是不是你的？也许上面印着你的指纹！"

西川一看，结巴起来，"可能是我傍晚回来，不小心从兜里掉的。"

城源寺摇摇头，对西川冷冷一笑，说："不，不是无意中掉出来的，是你故意设下的陷阱！"说完，城源寺便以现行杀人罪逮捕了他。

城源寺如何判定西川是凶手？

110. 判错了

商人胡学历，在外做生意很久没有回来。四月的一天，他的妻子一个人在家，晚上被盗贼所杀。那天晚上下着小雨，人们在胡学历家门外的泥里拾到一把折扇，上面的题词是陈丕赠给李二狗的。

不知道陈丕是谁，但人们都认识李二狗，平时言谈举止很不庄重，于是乡人都认定胡学历的妻子是他杀的。他被拘捕到公堂上，严刑拷打之下他也承认了。

案子已经定了。一天，县令的夫人笑着对他说："这个案子判错了。"接着，说出了一番话……

县令听后心服口服，重新去找嫌犯，不久后找到了事情的真相。

111. 雪夜贼影

北国的冬天总是来得很早。

某夜，小偷潜入某商厦盗走了保险柜中的现金。

当天，下了今年第一场大雪，一直下到后半夜，雪厚达30厘米。第二天早上，查到一名单身汉形迹可疑，他住在离商厦不远的出租屋里，所以警察便赶去询问："昨天夜里你在哪儿？"

"我外出旅行两天了，这不是半小时前刚刚回来吗，我怎么会是嫌犯呢?"对方说。

然而,警察只是在外面看了一眼房子,马上就看穿了此人的谎言。那么,这是为什么?

112. 肇事车的车牌号码

一辆汽车肇事后逃跑了,警长希伯来立即赶到了出事地点。

一位见证人说:"当时发现自己车后面有一辆车突然拐向小路,飞驶而去,我顺手记下了那辆车的车牌号。"

希伯来说:"那可能就是肇事的车,我马上叫警察搜捕这辆 18UA01 号车!"

几小时后,警察局告知希伯来,见证人提供的车号 18UA01 是个空号。现在已把近似车号的车都找来了,有 18UA81 号、18UA10 号、10AU81 号和 18AU01 号共四辆车。希伯来环顾了所有的车号,终于从四辆车中找出了那辆肇事车。

请问他是如何判断的呢?

113. 酒窖迷案

阿拉贝拉先生一向都是乘星期五上午9点53分的快车离开他工作的城市,正好两个小时后到达郊外的住宅。可是有一个星期五,他突然改变了他的习惯,在没有通知任何人的情况下,他坐上了那天夜里的火车。

回到家里已近午夜零点,他听见他的秘书贝格正在地下室的酒窖里喊"救命"。阿拉贝拉砸开门,将秘书放了出来。

"阿拉贝拉先生,您总算回来了!"贝格说道,"一群强盗抢了您的钱。我听见他们说要赶今天午夜零点的火车回纽约市去,现在还剩几分钟,怕来不及了!"

阿拉贝拉一听钱被盗走,焦急万分,便请巴纳德探长来调查此事。

巴纳德找到贝格,贝格又说:"然后他们又逼我服下了一粒药片——大概是安眠药之类的东西。我醒来时,正赶上阿拉贝拉先生下班回来。"

巴纳德检查了酒窖。这是个并不很大的地窖，四周无窗，门可以在外面锁上，里面只有一盏40瓦的灯泡，发出不太明亮的光，但足以照明了。

巴纳德在酒窖里找到了一块老式机械表，他问贝格："发生抢劫时你戴着这块手表吗？"

"呃，是——是的。"秘书回答。

"那么，请你跟我们好好说说，你把钱藏在哪儿了。你和那些强盗是一伙的。"

贝格一听，顿时瘫倒在地。

你知道探长是如何识破秘书的诡计的吗？

114. 手印

在一所公寓里发生了凶杀案，一个画家在卧室里被人用刀刺死了。卧室的墙壁上清晰地印着一个鲜红的手印，五个手指的指纹都清晰可辨，连手掌的纹路也很清楚。看起来是凶手逃跑时，不小心把沾满血的右手按到墙壁上。

贝内特赶到现场时，见到老熟人力诺警官正在小心地收集上面的指纹。贝内特仔细观察了一下，笑着对力诺说："你还是看看有没有其他线索吧！"

力诺依然小心翼翼地做着自己的工作，头也不抬地说："这些指纹难道不是重要的线索吗？"

贝内特耸了耸肩，"但这个血手印很可能是嫌犯伪造的，目的就是要误导警察。"

力诺转过脸，好奇地问："你怎么知道的？"

贝内特说道："你试着用右手在墙上印个手印，就知道了。"

贝内特是怎么看出手印有问题的？

115. 住宅楼里的惊叫

在纽约市华人区的一幢高级住宅楼里。

邻居听到有人疾呼"救命啊，救命"，便报了警。警方随即赶到，发现一名上了年纪的富婆死在家中。经法医检验，证实她死于机械性窒息，即被人掐死的。警方经过周密调查，发现死者的儿子申星有重大作案嫌疑。

刑警队李队长立即带人赶往申星家，途中遇到正在附近调查另一起案件的好朋友，名侦探柯小南，于是约他一起前往。

"申星，今晚8点至9点，你在干什么？"李队长问道。

"我没干什么，一直在家看电影呢。"申星答道。

"什么电影？把情节说一下！"李队长问道。

"嗯，是最近上映的《加勒比海盗4》，情节是……"申星漫不经心地说着。

"你一个人在家吗？有没有不在犯罪现场的证据？"队长继续问道。

"结了婚后就和我妈分开住了。前年离了婚，目前一个人生活。没有什么人可以为我证明！可是我真的没有杀人啊！那可是我的亲妈！"申星答道。

"既然没有什么人证明，那么你只好和我们走一趟了！"队长道。

"对了，插播广告时，我去家门口的小摊贩处买了一些枇杷，那个小摊贩可以为我作证！"申星激动地叫道。

李队长迟疑了一下，正要吩咐手下的刑警去门口寻找卖枇杷的小摊贩。这时，一直在旁边不语的柯小南走到一个果盘前，盘里放着未吃完的枇杷。他仔细地观察了一下，发现枇杷的绒毛都被去除了，然后大声地对申星说："你撒谎！你还是老实交代你的罪行吧。"

柯小南何以断定儿子杀害了妈妈？

116. 文公吃肉

中国古代的晋文公有一次吃烤肉，肉端上桌时，发现肉的外边缠绕着头发。文公大怒，于是唤来烤肉的厨子。

烤肉上面有头发，是对文公的大不敬。如果是厨子失职，他有可能被处死。

当厨子了解到被唤来的原因后，看到文公怒容满面的样子，他心中已明白了几分。

那么，他要怎么证明自己是冤枉的呢？

117. 银钗杀人案

丝绸店老板的独生女儿雅筑妩媚动人，风流韵事不断。

一天，她失踪了。

第二天，在一座教堂后面的树林里发现了她的尸体。裸露的左侧乳房上方，一根银钗深深地刺进身体。名探新元从尸体上拔下银钗，用白纸拭去上面的血迹。银钗尖部十分锋利，闪闪发光，可作防身的短剑，柄端却像熏过似的黑糊糊的。

"这是雅筑的东西吗？"新元问丝绸店老板。

"是的。是也原送给雅筑的。"新元叫助手把也原找了来。

也原是一位举止庄重的人。一靠近他就闻到一股硫黄的气味，再仔细一看，他大概患了皮肤病，两手手指黄黄的，干巴巴的。

"真是闹心的病啊，涂了硫黄药了吧，见效吗？"新元同情地说。

"好多了，只是味太大。"也原像是不让人看似的，把手藏在身后。

"可是，你不是要同雅筑定亲了吗？"

"是有这个打算，可雅筑说推一推……"

"这么说你是憎恨雅筑变了心而杀死她的？"

"这是什么话，凶手绝不是我！我不是在说死人的坏话，可是雅筑还有别的男人。"

"我有你杀人的证据，你快老实交代吧！"

那么，新元根据什么发现了凶手呢？

118. 离奇火灾

某居民住宅发生火灾，造成3人死亡。由于该民宅系老式木结构房屋，故烧得非常快也非常彻底，使得迅速赶到的消防官兵无法救火，也让对火灾现场的勘察变得极其困难，因为几乎一切都化成了灰烬。

刑警李警官被请来协助勘察火因，他到达现场后，也非常失望。于是，李警官只得去找该户民宅唯一的逃生者进行调查访问。被调查访问的人是该户人家的儿媳。据她称：当天早上，公婆和丈夫均尚未起床，她早起为他们做早餐。当她在做油炸饼时，反身去卫生间片刻，以致油过热起火，她从卫生间出来，立即救火并关掉煤气灶开关。不幸的是，她忙中出错竟将灶台上的一桶油当作水浇在起火的铁锅里，以致火势更大，她吓得逃离了现场，而公婆和丈夫发现大火时为时已晚，窗户外均有铁栅无法逃生而被烧死。

望着悲伤的少妇，李警官竟也有些伤感，但随即展开分析。

你能分析出这是失火还是纵火吗？

119. 聪明的女盗

女盗美子从贵金属店的地下金库里盗出了 100 千克金块，企图放在轿车里，连车一起装上货轮运往国外。

可是，希尔侦探搞到了这一情报，迅速通报了警方，刑警立即赶往码头，在装船前将美子的车扣了下来。

"请稍等一下，你们要干什么？我这车上可没装任何违禁物品呀。"美子抗议道。

"你说谎，从贵金属店盗来的金块就藏在上面吧。是希尔侦探告诉我们的，肯定不会错。"刑警们查看汽车里面。可是，搜来搜去，连 1 克金块也没找到，轮胎和座椅也都检查过了。一无所获的刑警们颇感失望。

"你们瞧，这个希尔侦探也是头昏了，竟向警察传递这种捕风捉影的情报。哈哈哈……"美子冷笑着。这时，希尔侦探刚好赶到，他看了一眼汽车。

"你们是怎么搜查的，黄金不就在你们的眼皮底下吗？"他一眼就看出了名堂。

"美子小姐，太可惜了，金块我们可全部没收了，头昏的应该是你吧，不过请你放心，这些金块是否是从贵金属店盗来的，我们还无法证实，所以还不能向你问罪。"

"唉，再早一点儿也许就没事了……"美子跺着脚，后悔不迭。

那么，女盗美子到底将100千克的金块藏到哪儿了呢？

120. 是谁杀了研究生

清晨科学院发生了一件可怕的事，研究生江阳死在观星塔最高的平台上，身上没有明显的伤痕。经仔细检查发现，江阳的右眼被一根长约3厘米的细毒针刺过，他的尸体旁边有一枚沾满血迹的针。由现场情况看来，江阳显然是自己把刺进眼中的毒针拔出来以后才死亡的。

观星塔是个独立建筑，而且下面的大门是锁着的，没有钥匙绝对无法打开，锁也没有撬开的痕迹，江阳可能是锁好大门才到平台上去的。所以我们推测凶手一定不是从大门进去的。

这平台的位置是在四楼的南侧，离地面差不多有26米的高度，观星塔的旁边还有一条河流，到对岸也有40米的距离，昨夜又刮着很大的风，即使那凶手是从对岸用吹笛把细毒针发射过来，也不可能那么准地打到江阳的右眼。

可是，江阳却正是被此毒针打中右眼而死的。那么到底谁是凶手呢？又是用什么方法把人杀死的呢？这真令人百思不得其解。

科学院的院长把江阳的死亡当作自杀事件处理，想在院内简单地替他办葬礼。可是，谁又能相信一向坚强、好学不倦、对大自然充满热爱的研究生，竟会采用这种方式自杀呢？

这时科学院中的人均议论纷纷，特别是跟江阳最亲近的史密斯教授，更是不同意院方所下的定论。于是他展开了调查，决心揪出凶手，为学生申冤。

从调查的过程中，史密斯知道江阳为更好地研究太空中的一切，每晚都在观星塔认真观察天上星星及月亮的活动，大风大雨也从不间断。这一切的表现更坚定了史密斯教授的信心，更坚持了江阳是被杀而不是自杀的看法。

史密斯教授调查了跟江阳最亲近的几个学生，又知道他是某富商之子，有一个同父异母的弟弟。今年夏天，父亲因病去世，江阳打算将他所得到的那份遗产，全部捐给科学院。可是江阳的弟弟却认为他这种做法相当愚蠢，他曾经威胁哥哥说：如果不马上停止这不智之举，他就向法院提出控诉，剥夺江阳的财产继承权。

"在此案发生前一天，他弟弟寄来一个小包裹，装有什么东西江阳没有告诉任何人。昨天我来清扫房间时，也没有看到那个小包裹，说不定凶手是为了窃取小包裹才对他下毒手的。"院中的清洁工对史密斯教授说了以上的话。

年迈的史密斯教授此刻闭上双目，静静地思索着，又睁开眼睛，望着那水波款款、悠然流着的河水。史密斯教授决定与警方商讨事件的真相。

"这是我照情形所作的推测，根据常识和观察力来判断案情，是不会相差太远的。在案情未公开之前，能不能叫人打捞此河，我虽有巧妙推理，但若没有证据，是没有人肯俯首认罪的，我的推理只不过是一种假设而已。"

谁是杀害江阳的凶手呢？史密斯教授的巧妙推理又是如何的呢？

121. 一起失踪案

布莱克和贝蒂在海港的教会举行了结婚仪式，然后顺路去码头，准备启程去度蜜月。这是闪电般的结婚，所以仪式只有神父一个人在场，连旅行护照上的名字也是贝蒂的旧姓，将就着用了。

码头上停泊着一艘国际观光客轮，马上就要起航了。两人一上舷梯，两名身穿制服的二等水手正等在那里，微笑着接待了贝蒂。丈夫布莱克似乎乘过几次这艘观光船，对船内的情况相当熟。他分开混杂的乘客，领着贝蒂来到一间写着"B13 号"的客舱，两人终于安顿下来。

"贝蒂，要是带有什么贵重物品，还是寄存在事务长那儿安全。"

"带着 2 万美元，这是我的全部财产。"贝蒂把这笔巨款交给丈夫，请他送到事务长那里保存。

可是，左等右等也不见丈夫回来。汽笛响了，船已驶出码头。贝蒂到甲板上寻找丈夫，可怎么也找不见。她于是又返了回来，却在船内迷了路，怎么也找不到B13号客舱。她不知所措，只好向路过的侍者打听。

"B13号室？没有那种不吉利号码的客舱呀。"侍者脸上显出诧异的神色答道。

"可我丈夫的确是以布莱克夫妇的名字预定'B13'号客舱啊。我们刚刚把行李放在了那间客舱。"贝蒂说。

她请侍者帮她查一下乘客登记簿，但房间预约手续是用贝蒂旧姓办的，是"B16号"，而且，不知什么时候已把她一个人的行李搬到了那间客舱。登记簿上并没有布莱克的名字。事务长也说没记得有人寄存过2万美元。

"我的丈夫到底跑到哪儿去啦？"贝蒂觉得莫名其妙。她找到了上船时在舷梯上笑脸迎接过她的船员，贝蒂想大概他们会记得自己的丈夫，就向他们询问，但船员的回答使贝蒂更绝望。

"您是快开船时最后上船的乘客，所以我们印象很深。当时没别的乘客，我发誓只有您一个乘客。"船员回答说，看上去不像是在说谎。

贝蒂一直等到晚上，也没见丈夫的踪影。他竟然神不知鬼不觉地消失了！一夜没合眼的贝蒂，第二天早晨被一个什么人用电话叫到甲板上，差一点儿被推到海里去。

那么，她丈夫布莱克到底是怎么失踪的呢？正在这艘船上度假的侦探德伦很快查清了此事的来龙去脉。

你知道是怎么回事吗？

122. 凶器是什么

一天，乐师的妻子正在午睡，被不知何时偷偷潜入的凶手用尖锐的利器刺穿了咽喉。当时墙上大钟刚在3点整，而凶手逃走时正巧碰上管家，只好束手就擒。

当警方调查时，发觉在凶手的身上竟然找不到凶器，而命案现场连刀的影子也看不见。查问当时正在院子里修剪花草的园丁，也说案发时窗子根本就是关着的，可见凶器并非被丢到了窗外。

既是如此，凶手是用何种凶器行凶的呢？他杀人后，又把凶器藏在了哪儿呢？

次日，报纸报道了这宗悬疑凶杀案。名侦探柯小南看见后，不禁叹道："难道警方都是瞎子吗？凶器不是远在天边，近在眼前吗？"

柯小南究竟是如何推断出来的呢？

123. 鬈发男之死

一个冬日的黄昏，小吴正漫步街头，突然听到一声枪响，看见不远处一个鬈发男子跌向房门，慢慢地倒了下去。小吴和街上仅有的两个人先后跑了过去，发现男子背部中弹，已经死去。

小吴看见两个人都戴着手套，便问他们刚才在做什么。

第一个人说："我看见这个鬈发男刚要锁门，枪一响，他应声而倒，我便立即跑了过来。"

第二个人说："我听到枪声，却不知发生了什么事情，看到你俩都往这儿跑，我也就跟了过来。"

钥匙还插在房门的锁眼里，小吴打开门，走进房间，打电话报了警。

警察来了以后，小吴指着一个人说："把他拘留询问。"

拘留谁？为什么？

124. 树顶取货

在围剿贩毒分子的战斗中，我边防人员一举击毙了一个犯罪团伙。在犯罪分子的口袋中，边防人员搜到一张纸条，上写："×日下午6点，货在十三区云杉树顶"。

边防人员迅速赶到现场查看，这棵云杉高数丈，直插云霄，货物是不可能放在树顶上的。于是他们认真推理这句话的意思，果真在纸条所指定的时间里将货物取出。

你知道边防人员是怎样取到货的吗？

125. 露馅的狗

威尔逊警长在市郊巡逻值班时，看见有个男人从一家华丽的住宅鬼鬼祟祟地走出，便上前问："先生，你是这里的主人吗？"

"我……我……我是这家的主人。"此人支支吾吾地回答。

这时，有只毛茸茸的狗由后门出来，在那男人的脚边绕来绕去。

"对了，玛丽是我的看门狗，如果你说我是外人，那玛丽怎不汪汪大叫？"说着还摸了摸玛丽的头。玛丽看着威尔逊警长，充满敌意地吠个不停。

"玛丽，不准乱叫！"那男人吆喝了一声，狗就乖乖地不叫了。狗停了一会儿，又蹒跚地走到电杆旁，抬起后腿小便。

威尔逊看到此景，突然转身对那男人说："别冒充主人了，跟我到警察局走一趟吧！"

警长是根据什么断定此人不是主人的呢？

126. 起火的香菇棚

叔父在自家院子里盖起香菇棚栽种香菇。可是在一个晴朗的冬日中午，大棚发生火灾，所有菇袋付之一炬。是大棚中的枯草碰了火引燃的。

然而奇怪的是，香菇棚里没有一点儿火源，也没有放火的迹象。大棚外面的地面因昨晚下过一场雨湿漉漉的，所以如果有人来此纵火，照理会留下足迹的，可周围没发现任何足迹。

叔父找不出起火原因，便请团侦探出马查个究竟。

团侦探立即赶来，详细勘察了现场。

"昨晚的雨量有多大？"

"我院子里雨量表上显示的是约27毫米，可今天从一大早起就晴空万里，没有一丝云彩呀。"

"阳光直射香菇棚，里面会产生多高的温度？"

"冬季是十七八摄氏度，可这个温度是不会自燃起火的。"叔父回答说。

"没有取暖设施吗?"

"是的，没有。"

"棚顶也是透明塑料吧。"

"是的。"

"果然如此……那么，起火原因也就清楚了。"团侦探马上找到了起火的原因。

那么，到底是怎么起的火呢?

127. 一笔医疗费

一个渔夫的妻子得了重病。

渔夫请医生来治病，但他又不想付医疗费。于是他们达成了协议：无论医生治好了或治死了妻子，渔夫都要付医疗费。于是医生精心给渔夫的妻子治病，她终因病太重，死掉了。医生便向渔夫索要医疗费。

渔夫问医生："你把她治好了吗?"

"没有。"医生承认。

渔夫又问："那么，你把她治死了吗?"

"那怎么可能!"医生当然不能承认。

"那么，按咱们事先的协议，我就不能付医疗费。"

医生无言以对，医疗费只好作罢。

渔夫为什么能赖掉医疗费?

128. 真假钻石

珠宝店来了一个像是腰缠万贯的暴发户，举止粗野态度蛮横，用命令的口气指使店员要这要那，嘴里还不停地嚼着口香糖，并不时地吹起小泡泡。店员忍气吞声地应酬着。

"哎哟，怎么搞的?"那叫浅野一郎的暴发户拿在手里的钻石不小心掉到了地上。店员慌忙拾起来一看，却是纯粹的假货。

"先生，非常抱歉，是您将钻石替换了吧？能让我搜一下您的身吗？"

直到这时，店员才强硬起来。可是，翻遍了浅野一郎全身，也没有发现真钻石。

"像话吗？你们以假充真，卖冒牌钻石，还在我身上找碴儿！走，上警察局评理去！"

店员虽坚信是此人玩了调包计，可又查不出证据，拿不出物证，只得忍气吞声地连连鞠躬道歉，并给了浅野一郎一笔精神赔偿费，这才打发他出了珠宝店。

请问，真钻石是否真被浅野一郎替换了呢？他这"魔术"是怎么变的？

129. 风琴家之死

蒂娜的尸体躺在公寓的停车场，旁边是她的红色轿车。她在晚上8点钟遭人谋杀，也就是她预定到达剧院音乐会演出前的15分钟左右。

凶手共射击两次。第一颗子弹穿过她的右大腿，她紫色的短裙上留下一大片血迹。第二颗致命的子弹射中她的心脏，在她的白衬衫上留下血痕。

轿车里放着蒂娜小姐的风琴。

警方听取了三个人的证词。

发现尸体的房东太太说，蒂娜决定参加音乐会，但并不演出，因为有个热烈追求她的人困扰着她，他就是同为管弦乐团一员的弗雷。

弗雷说她想参加演出，并且要他在晚上8点10分去接她，然后像往常一样一起坐车到剧院，但是他却没有等到她。

指挥伦萨说，管弦乐团的女性成员穿紫色裙子和白衬衫，而男性成员则穿白色西装上衣和黑色裤子；至于款式方面，则没有硬性规定。管弦乐团的成员都是在家中穿好衣服。他又说，蒂娜无疑不用练习就能够有很好的演出，因为音乐会是重复性的节目。

在听了三个人的证词之后，探长立刻知道是弗雷说谎。

他是怎么知道的呢？

130. 行凶时间

一天下午杨梅在郊外散步，忽然看见一幢别墅燃烧起来，便不顾危险闯入火窟，看见一个头部受伤的女人直挺挺地躺在地上，死者旁边放着一根高尔夫球杆。

凌乱的现场加速了火势的蔓延，这时杨梅发现地上有一个巨大的吊钟，好像是行凶者在挥高尔夫球杆时无意碰到而坠落下来的，吊钟上的时针因为受不了振荡停了。杨梅判断钟停的时间也许就是凶手行凶的时间，但因为火势太猛，她只能用相机拍下现场的照片，就匆匆离去了。

后来，杨梅把照片洗出来交给警方作为破案的线索。大概是在慌乱中乱按快门的关系，所以重要的线索——时钟所示的时刻——只照了一部分。

照片上的时钟，长针与短针的正确差距是两刻度，如果这个时间正是凶手行凶的时间，那究竟是几点几分呢？

131. 雨伞是干的

一件名贵的玉雕正在博物馆展出，恰巧这几天天气晴朗，不少游客都前去参观。快闭馆的时候，一个窃贼也混了进去。他背着照相机，拿着一把晴雨伞，趁人不注意躲到了大厅的楼梯间里。不久，博物馆便清场了。

窃贼看大厅里没有动静了，便钻了出来，从晴雨伞的伞柄中取出开锁的工具，接着又从照相机套子中取出赝品。此时，外面恰巧下起了大雨，风雨声遮盖了一切声音，窃贼便趁机弄开展柜，换下玉雕，然后将一切恢复原状，又躲进了楼梯间。

第二天一早，雨还在下，博物馆里的人比昨天少了一些，窃贼从楼梯间溜了出来，他看到游客们正在欣赏那件赝品，不由得暗喜。可是当他撑开雨伞准备走出去时，被前来参观的团五郎拦住了，团五郎问他昨天晚上躲在博物馆里干什么了。

窃贼做贼心虚，解释不清，团五郎立刻说："跟我去趟警局吧！"

你知道团五郎是从哪里看到破绽的吗？

132. 真伪证词

一桩谋杀案中，有两个嫌疑犯甲和乙，另有四个证人正在受讯。

第一个证人说："我只知道甲是无罪的。"

第二个证人说："我只知道乙是无罪的。"

第三个证人说："前面两个证词中至少有一个是真的。"

第四个证人说："我可以肯定第三个证人的证词是假的。"

通过调查研究，证实第四个证人说了实话，请你分析一下，凶手是谁。

133. 花坛里的花匠

夏天的中午，虽然天气很热，但广场上还是人来人往，十分热闹。突然，人群中传来一声女人的尖叫，原来有人抢走了她的挎包，并飞快逃走了。附近的巡警闻讯赶来，可是广场上的人实在太多了，那个抢匪早已消失在人群中。柯小南正巧从广场经过，听到动静也赶了过来。他观察了一下周围的环境，指着正在花坛里浇花的花匠对警察说："抓住他！他就是嫌疑犯。"

你知道柯小南是怎么认出那个抢匪的吗？

134. 怪盗的指纹

怪盗从阳台的窗户潜进公寓的404室，盗走了梳妆台上的钻石戒指。

经现场勘察发现，梳妆台上留有嫌犯的指纹。从作案情况推断，嫌犯似乎就是住在该公寓的人，所以警方提取了公寓所有人员的指纹，但却没有与嫌犯指纹一致的人。

当时，一名刑警瞧了一眼管理员的房子，无意中看到了什么。

"原来如此，嫌犯找到了，只有这个指纹忘记提取了。"

那么，怪盗是什么人呢？

135. 蜘蛛网之谜

一天，伊川警长来到侦探伊凡的事务所里，向伊凡请教一个棘手的难题。

案件发生在昨天晚上。住在釜山市区的一个名叫华原的富商，他的仓库里放有10个装有珍贵古董的箱子，可是今早他查看仓库时，发现少了1个，只剩下9个。据他所称，这个仓库的钥匙由他一人掌管，而且整天挂在胸前，不可能有人动过。现场也勘察过了，是个封闭式的小屋，只在屋顶上开了一个小天窗，窗上安装着拇指粗的铁栅栏。虽然栅栏已掉了两根，但上面有三只大蜘蛛织满了丝网，一点儿空隙也没有，就是小偷变成苍蝇也钻不进去。

伊凡听到这里，点点头问："蜘蛛网破了没有？"

伊川警长摇摇头说："就是网没有破，我才大伤脑筋呢！"

"噢，有没有调查，除了华原，还有谁知道仓库里有古董？"

伊川警长奇怪地瞧了一眼伊凡，说："问了，是个叫基多的，是华原的外孙，因他是赌棍，早已被华原赶了出去。这跟他有啥关系，他可进不去呀！"

"不，就是他偷的！"

果然，不一会儿，伊川警长打来电话，兴奋地告诉伊凡，是基多偷的，在他家里找到了那个失窃的箱子。

基多是怎样进去的？伊凡又是根据什么来断定他是小偷的呢？

136. 多出来的人

一辆旅游车在一幢豪华的别墅前停下。从车上跳下来6个蒙面大汉，其中1个拿出一把钥匙，轻易地打开了别墅的大门。接着，他们上了3楼。这时是晚上11点钟。不过在当地，太阳才刚刚落山，因为当时正值6月。

他们敲了敲一个房间的门，答应的是一个睡意蒙眬的声音，"谁？什么事？"

"董事长，我们是医院来的。"

大约过了3分钟，门才打开。就在打开门的一刹那，大汉们冲了进去，关掉了房间里的电灯，把董事长捆绑起来，并在其眼睛上蒙了一层厚毛巾。然后，将董事长架下楼梯，塞进停在别墅门口的旅游车内。就这样，董事长被绑架了。

这是一间地下室，没有窗子，潮湿、肮脏，除了一张小床，一张坐椅，再加上坐椅上摆着的一些食品，再也没有别的什么东西了。两个荷枪实弹的大汉日夜把守着一道可供出入的门。董事长被绑架的那天晚上，没有任何人通过这道门走入地下室。但奇怪的是，到了第二天清晨，地下室中却又多了一个男的。

请问：这个男的是如何进来的？

137. 英国人的遗书

在韩国的国民饭店里，一客人服毒自杀，接到报案的警察局刑警科的鲍德温赶到现场。

尸体躺在床上，是个中年绅士，经化验确认是氰化钾中毒死亡。

"他是三天前住进饭店的英国客人，桌子上有封遗书。"

遗书是用电动打字机打的，只有书名和日期是手写的。日期是"3.15.2005"。

"你说这个人是英国客人？那么这份遗书是伪造的。是伪装的自杀案，凶手是美国人。"鲍德温刑警读完遗书后说。

你知道刑警为什么这样说吗？

138. 100 美金

凌晨1点45分，H旅馆夜班服务员郎罗在核对抽屉里的现金时发现一张面额为 100 美金的钞票是伪钞……半个小时后，探长坦布尔赶到了这家旅馆。

"你是否记得是谁把这张 100 美金给你的？哪怕一点儿印象也好。"探长问。

"我没留心。"郎罗似乎在回忆什么，随即用不容置疑的语气说，"我值班时，只有 3 个旅客付过钱，他们都没有离开旅馆。"

探长眼睛一亮，竖起双耳，"不开玩笑？"

"决不会错！我今晚收到 731 美金现金，其中 14 美金是卖晚报、明信片等物品收进的，其余的现金都收自 3 位旅客。考纳先生给我 1 张 100 美金和 24 美金的零票；鲍克斯先生给我 2 张 100 美金加 19 美金零票；斯特劳斯先生给我 3 张 100 美金以及 74 美金零票。"

探长的手指在桌面上轻轻弹着，若有所思。"你能肯定他们都是付给你 100 美金票面的钞票？"他问。

郎罗肯定地答道："请放心，凡涉及钱，我的记忆特别好。"

"那好吧，我想我已找到我要找的人。"探长坦布尔说。

你知道那张伪钞是谁给的了吗？

139. 停电之后

"上周日晚上，你借用亲戚的别墅，一个人住在那里。你对刑警是这么说的吧？可是有谁能证明呢？"因为某案件的调查，小郎侦探在询问嫌疑犯。

"是的，没错。因此我不是嫌犯。"

"可是，据住在离别墅 100 米的邻居说，那天晚上 9 点钟左右去别墅时，你住的别墅一片漆黑，怎么按门铃也没有回音。"

"不可能，我一直在家。晚上 8 点左右我突然感觉很冷，便拿出旧式电炉点上，但由于发生短路而停电。因没有备用保险丝，无奈我只好喝了点儿酒早早地睡下了。因此门铃也不响了，我也就没注意到有人来过。"嫌疑犯回答说。可是这个谎言被事先做过调查的小郎侦探一下子揭穿了。

那是为什么？

140. 谁是盗窃犯

2月7日，韩国济州市的一家银行被盗了。

警察抓到了四名嫌疑犯，并对他们进行了审讯。每个人都只讲了四句话，并且都有一句是假话。现照笔录记述如下：

博特："我从来就没到过济州市。我没有犯盗窃罪。对犯罪过程一无所知。2月7日我和伊恩一起在坡州市度过的。"

约瑟："我是清白无辜的。我在2月7日那天与伊恩闹翻了。我也没有见过博特。博特是无罪的。"

皮埃尔："约瑟是嫌犯。伊恩和博特从来也没有到过坡州市。我是清白的。是博特帮助约瑟盗窃了银行。"

伊恩："我没有盗窃银行。2月7日我和博特在坡州市。我以前从未见过皮埃尔。皮埃尔说博特帮助约瑟盗窃是谎言！"

请你根据四名嫌疑犯的上述供词，指出谁是盗窃犯。

141. 碰运气的侵入者

无赖美斯打听到纽约新区有一幢房子的主人去瑞士度假，要到月底才回来，便起了邪念。他找到懒鬼特莱，两人决定去碰碰运气。

两天后的一个夜晚，气温降到了零下5摄氏度，美斯和特莱撬开前门，潜入屋内。他们发现冰箱里摆满食物，当即拿出两只肥鸭放在桌子上让冰融化。几个小时过去了，平安无事。美斯点燃了壁炉里的干柴，屋子里更暖和了。他们一边坐在桌边，转动着烤得焦黄、散发着诱人香味的肥鸭，一边把电视打开，将音量调得很低，看电视里的《天气预报》节目。突然，门铃响了，两人吓得跳了起来，面面相觑，不知所措。门外进来了两个巡逻警察，站在他们面前，嗅嗅烤鸭的香味，晃晃两副叮当作响的手铐。

他们究竟在什么地方露出了马脚？

142. 病人被杀案件

一个放高利贷的病人，有天早晨被人用水果刀刺死在医院的病床上。

凶器是在医院的花园里找到的。由于凶手在行凶时用布裹着刀，刀柄上没有凶手的指纹，但水果刀被发现时，细心的侦探发现刀柄上爬着许多蚂蚁。行凶时医院尚未开门，所以警方认为凶手很可能也是医院里的病人。

经调查，有三个病人的嫌疑最大，他们是：3号病房的肠结核病人，6号病房的糖尿病病人，8号病房的肾炎病人。侦探看到这份名单时，随即指着其中一个说：凶手就是这个病人。

凶手是哪一个？为什么侦探这么断定？

143. 盲人开枪

有位著名的大音乐家住在维也纳郊外时，常到他的好友——一个盲人家中弹钢琴。这天傍晚，他俩一个弹奏，一个欣赏。突然二楼传来响声，盲人惊叫起来："哎呀，楼上有小偷！"盲人立即取出防身手枪，知道二楼没有灯光，对盲人比较有利，就摸上楼去。音乐家提了根木棍紧跟着。

推开房门，房间里静得出奇，四周一片漆黑。小偷躲在哪里呢？气氛紧张极了，叫人透不过气来。突然，砰的一声枪响，"哎哟！"一声惊呼后，随即有人扑通倒地。音乐家急忙点灯一看，只见大座钟台前躺着一个人，正捂紧腹部，发出微弱的呻吟。银箱中的金钱撒了一地……警察来了，·抬走了小偷。

音乐家很奇怪：在没有任何声响的情况下，盲人是怎么击中小偷的呢？

144. 悬赏启事

林德的一块祖传怀表丢了，他让司机哈利在当地的报纸上登了一则悬赏启事在中缝，启事的标题是"找到怀表者有赏"，全文是：怀表属祖传遗物，悬赏250美元，有消息望告知，登广告者LM361信箱。

不久，门铃响了，来了一个叫恒瑞的人，说："我叫恒瑞，是来给您送那块表的。"

"啊，是的，就是它，您在哪儿捡到的？"林德没想到那则启事真管用，激动地说。

"它是我在一个兜售这块表的孩子那里用5美元买来的。我看到启事，马上就赶了过来……"

还没等他说完，林德就和哈利将他扭送到了公安局。

试问，这是为什么？恒瑞有什么破绽吗？

145. 因为遗产

绕地球环游的"风声"号豪华客轮行至大西洋时，某日早晨在船尾甲板上发现了一具女尸。死者是位名叫赤坂七惠的时装设计师，被匕首刺中身亡。因为案发于大西洋之上，所以凶手肯定还在船上。

据分析，船中有两个人有杀她的动机。

青木贵子——被害人的侄子，是其财产继承人，因赌博而债台高筑，正苦于无钱偿还。

安藤吉言——被害人的助手，在航海旅行过程中，因贪污败露而被解雇。

根据上述情况，请判断谁是杀害时装设计师的凶手。

146. 涂指甲油的女子

柯小南是一名私家侦探，这天傍晚他一个人到酒吧喝酒。

他的目光很快被坐在隔壁的一个漂亮女子所吸引，这个女子二十五六岁，打扮入时，化了很浓的妆，而且手指甲上涂了透明的指甲油，独自在喝酒。柯小南觉得这个女人似曾相识，但又记不起是谁。

直至那个女人离开座位，柯小南才突然记起这女人名叫卡列斯，是个诈骗犯，正被警方悬赏通缉。柯小南立即起身追出去，但那卡列斯已无踪影。

柯小南于是向警方报案。警察赶来后，立即展开调查，他们对她喝酒的酒杯进行检验，但是上面竟然没有留下指纹。

"奇怪，那个女犯喝酒时戴着手套吗？"警察问道。

"不，她没戴手套，而且，也不像是贴上了胶纸那类东西。"柯小南回答说。

"那到底是怎么一回事呢？"警察迷惑地自言自语。

亲爱的朋友，你知道吗？

147. 话中真意

玛丽打开电视机，播音员正在播报一条消息："今天19点左右，在罗姆红松花园街，一名67岁的老人在遭抢劫后被枪杀。据目击者说，凶手穿浅灰色西装。请知情者速与警察局联系。"

花园街正好是玛丽住的这条街，她感到害怕。正在这时，阳台上的门口突然出现了一个30岁左右的男子，身穿浅灰色西装，而且衣服上有血。玛丽吓得脸都白了。那人让玛丽把手表和金戒指给他。这时，突然有人敲门。那人用枪顶着玛丽的背，命令道："到门口去，就说你已经睡下了，不能让他进来。"

"谁呀？"玛丽问道。

"查尔斯警官。玛丽小姐，你这儿没事吧？"听到这熟悉的声音，她内心平静了许多。

"是的。"她答道。停了一会儿，她用稍大的声音说："我哥也在问你好呢，警官！"

"谢谢，晚安。"不一会儿，巡逻车开走了。

"干得不错，太妙了。"那人很是高兴。突然，从阳台上的门里一下子冲进来许多警察。没等那人反应过来，就给他戴上了手铐。

"好主意，玛丽小姐。你没事吧？"查尔斯警官关切地问道。

这是怎么一回事呢？

148. 被劫持的小薇

夏季的一天，双目失明的小薇遭人绑架，匪徒要求其父母拿出10万元来。歹徒收到赎金后就把人放了。小薇除了知道对方是一对年轻夫妇，还向警方提供了如下细节：

"那幢软禁我的房子好像在海边。我被绑在小阁楼里，虽然里面很闷热，但到了夜晚，会有阵阵清凉的海风透过小窗吹来。"据小薇所述，警方挨家挨户去搜查在海岸一带的房子。

结果，查出两家嫌疑最大的住宅，但却空无一物。据查，这两家都曾住过一对年轻夫妇，不过阁楼小窗一家朝南，一家朝北。周围的环境是南面是大海，北面是一片小山丘。

于是警方的可雷克督察查了小薇被拘禁三天的天气情况：晴天，无风，闷热，又想到小薇曾说到了晚上透过小窗会吹来阵阵海风。根据推断，可雷克督察正确地查出了小薇被拘禁的房子。

你知道是哪一幢吗？

149. "看不见"的凶器

上午，韩江民正在家做午餐，当他从冰箱中取出食物准备做菜时，忽闻隔壁传来打架声，他赶紧出门看，是隔壁夫妻俩又在吵架，他劝了几句后便回了自己家。

不一会儿，隔壁又传来激烈的厮打声。韩江民刚走出门，就听见砰的一声闷响，接着是人体倒地的声音。他赶紧冲进隔壁厨房，只见女主人双手空垂着，惊恐地瞪着已倒在地上咽气的男主人。

作为刑警，韩江民得管这事。他未离开现场，叫妻子打电话报案。片刻，刑警队的法医们到了现场，检验结果是男主人后脑勺被棍棒类的硬物击中，造成颅底骨折死亡。可让法医惊讶的是，现场竟找不到棍棒类的硬物，厨房间里灶台上只有砧板、菜刀和一条大青鱼。询问女主人，她沉默不语。韩江民和到场的刑警们都纳闷了，女人没离开现场，不可能藏匿凶器，那么凶器究竟是什么呢？

韩江民送走刑警队的同事们，回到自己家后才突然想起了什么，急忙跑下楼，告诉了同事凶器是什么。

请问，你知道是什么吗？

150. 马棚里的尸体

清晨，本瑟姆探长正在看骑手们练习骑马，突然马棚里冲出一个金发女郎，大叫着："快来人哪！杀人啦！"

本瑟姆急忙奔了过去。

只见马棚里一个驯马师打扮的人俯卧在干草堆上，后腰上有一大片血迹，一根锐利的冰锥扎在他腰上。

"死了大约有 8 个小时，"本瑟姆自语道，"也就是说谋杀发生在半夜。"

他转过身，看了一眼正捂着脸的那个金发女郎，说："噢，对不起，你袖子上沾的是血迹吗？"那个金发女郎把她那骑装的袖口转过来，只见上面是一长道血印。

"咦，"她脸色煞白，"一定是刚才在他身上蹭到的。我叫安娜，他、他是非苏，为我驯马。"

本瑟姆问道："你知道有谁可能杀他吗？"

"不，"她答道，"除了……也许是福特里，非苏欠了他一大笔钱……"

第二天，警官告诉本瑟姆说："非苏欠福特里的钱确切数字是 15000 美元。可是经营渔行的福特里发誓说，他已有两天没见过非苏了。另外，安娜小姐袖口上的血迹经化验是死者的。"

"我想你一定下手了吧？"本瑟姆问。

"嫌犯已经在押。"警官答道。

谁是嫌犯呢？

151. 博士破案

警察局局长给坦托博士打来电话，请求他协助侦破一起无名死尸案。原来，这具无名尸体是在水塘中打捞上来的，已经腐烂。

时值盛夏，只好把尸体送到火葬场焚化了，留下的仅有几张照片和验尸记录。坦托博士经过仔细观察，注意到这具尸体的骨头上有一些明显的黑色斑块。

他问警察局局长："贵地有没有炼铅之类的冶炼工厂？"

得到肯定的回答后，坦托博士果断地说："局长先生，您尽管派人去炼铅厂所在的地区调查好了。死者生前很可能是那儿的人。"

警察局局长果然在某炼铅厂查到了无名尸的身份，并以此为线索迅速破了案。

博士是怎么从骨斑中判断出死者的身份的？

152. 金发迷案

歌星莲露结束了一天的拍摄活动，回到公寓想安安稳稳地睡一觉，可是楼上房间里传来哗哗的自来水声，一个多小时还不停止，这使她难以入眠。

楼上住的是一个同她一样有一头金发的时装模特儿。她像是在淋浴，所以自来水一直流个不停。莲露忍不住了，就拿起电话要求公寓管理员去干预一下。

几分钟后，管理员来到莲露的房间，说门锁着，无人答应，想请莲露和他一起上楼去看看。因为男子不便闯进女人的浴室，莲露便跟管理员一起上了楼。管理员使劲用身体把房门撞开。莲露推开了浴室的门，只见那金发模特儿赤裸裸地倒在地上，脊背上扎有一把刀。淋浴的热水龙头仍在往外喷水，热气弥漫了整个浴室。

两人极度震惊，但他们还是仔细观察了现场，房门原来是反锁的，窗户也紧关着。那么凶手杀了她以后，又是怎么逃走的呢？

"瞧，这儿拴着一根金发。"莲露指着房门的背面，门的铁闩原先卡在门钩中，现在经过猛力撞门，铁柱已经脱落了。门闩的一端拴着一根金发，门的上面和下面，都各扎有一个圆钉；下面的圆钉上，金发还打了一个结。

管理员说："这显然是被害人的头发。为什么它会拴在门上呢？"

你能找到答案吗？

153. 野餐过后

洛克应一个富家独生女之邀，和她的堂姐以及堂姐的未婚夫——一个外科医生，一起到郊外的别墅野餐。

小巧轻盈的富家女，双亲都已去世，由她继承了巨额家产。到达别墅后，他们在庭院的草地上野餐。

他们带了3个大篮子，装满了食物。吃饱后，篮子就收到别墅中。

洛克在与堂姐谈天时，富家女和外科医生一起进了别墅。好久也不见他们出来。堂姐进屋查看，发现里面空无一人。当洛克也想进屋时，外科医生从另一边的树林里出来了。他一身泥巴，在摘野草莓。洛克问他富家女在哪里，他说在屋里。然而他们3人进屋后，无论如何也找不到富家女，而且门窗都是从里面锁住的。洛克找来找去，只是在走廊上捡到一块防水布片。3人失望地将别墅收拾整齐，把大篮子放回车上离开了。

后来警察又进行了仔细检查，只在浴室里看到了一点儿血迹。

富家女到哪里去了呢？她被谋杀了吗？尸体呢？凶手又是谁呢？

154. 破裂的防盗玻璃

大阪市一个大型珠宝展览会上，人山人海。突然，一个男子迅速走到装有一粒价值连城的钻石的玻璃柜前，抢起锤子一敲，玻璃哗啦一声破裂开来，男子抢出钻石，趁乱逃走。

警方赶到现场，珠宝商哭诉道："柜子是用防盗公司制造的特别防盗玻璃做的，别说锤子，就是子弹打上去也不会破裂呀！"

经过调查，认定那些碎玻璃的确是防盗玻璃。警方百思不得其解，于是向名探柯小南请教。柯小南略一思索，根据防盗玻璃的特性，指出了谁是嫌犯。

你知道嫌犯是谁吗？为什么？

155. 自行车的行踪

莱金骑着一辆自行车路过一个公共厕所，他停下来，用环形锁锁好自行车的前轮便进了厕所。

周围只有几个男孩在玩。几分钟后，此人从厕所出来，发现自行车不见了。

他肯定是那几个男孩中的某一个偷走了自行车。于是他四处寻找，最后终于在几里路外的地方找到了。可令人奇怪的是，自行车前轮上的环形锁依然锁着。

偷车的人显然不可能把自行车扛到那么远的地方。那么，他究竟用什么办法擅自借用他人的自行车兜了一大圈呢？

156. 被敲死的琳达

琳达在她豪华的别墅里惨遭杀害，名探柯小南闻讯后马上赶到现场，迅速检查了红色地毯上的尸体。

"她是被人用手枪柄敲击头部而死的，她被敲了四五下。"在尸体旁找到了一支手枪。警长汉斯小心翼翼地吹去上面的灰尘以便提取指纹。

"我已经给她的丈夫马丁打了电话。"警长说，"我只说他必须马上赶回家。我讨厌向别人报告噩耗。等一会儿你来告诉他好吗？"

"好吧。"柯小南答应着。

救护车刚刚开走，惊慌失措的死者丈夫就心急火燎地闯进门来了。

"发生了什么事？琳达在哪里？"

"我不得不遗憾地告诉您，她在两小时之前被人杀害了。"柯小南说。

"是您的保姆在卧室中发现尸体并报警的。"

"我在这枪上找不到指纹。"警长用手帕裹着枪走进来，对柯小南说，"看来不得不找技术师处理了。"

马丁紧盯着被裹在手帕中的枪，脸上的肌肉抽搐着，显得异常激愤。突然，他激动地抓住警长的手说："如果能找到那个敲死琳达的凶手，我愿出8万美金重酬。"

"省下你的钱吧，"柯小南冷冰冰地插话道，"凶手还不至于那么难找吧？"

为什么？

157. 法官的审判

有个法院开庭审理一起盗窃案件，某地的金泽、安西、仓基三人被押上法庭。

负责审理这个案件的法官是这样想的：肯提供真实情况的不可能是盗窃犯；与此相反，真正的盗窃犯为了掩盖罪行，是一定会编造假口供的。因此，他得出了这样的结论：说真话的肯定不是盗窃犯，说假话的肯定就是盗窃犯。审判的结果也证明了法官的这个想法是正确的。审问开始了。

法官先问金泽："你是怎样进行盗窃的？从实招来！"

金泽回答了法官的问题："叽里咕噜，叽里咕噜……"金泽讲的是某地的方言，法官根本听不懂他讲的是什么意思。

法官又问安西和仓基："刚才金泽是怎样回答我的提问的？叽里咕噜，叽里咕噜，是什么意思？"

安西说："禀告法官，金泽的意思是说，他不是盗窃犯。"

仓基说："禀告法官，金泽刚才已经招供了，他承认自己就是盗窃犯。"

安西和仓基说的话法官是能听懂的。听了安西和仓基的话之后，这位法官马上断定：安西无罪，仓基是盗窃犯。

请问：这位聪明的法官为什么能根据安西和仓基的回答，作出这样的判断？金泽是不是盗窃犯？

158. 百合之谜

一个叫里沙的画家死在了自己的公寓里。当警察赶到时，公寓的门窗都是反锁的。警察好不容易才把门弄开，只见里沙倒在床上，枪掉在地上，看起来是他把门窗都关好后，坐在床上开枪自杀的。法医判断，里沙已经死了8天了。

警察对侦探福小莫说，是楼下一个花店老板报的警。老板告诉警察，里沙每周五晚都会去花店买13朵白色百合，已经10个年头了，从未间断过。可这两个星期里沙都没有出现，花店老板有点儿担心，就给警察局打了电话。

福小莫问道："那些百合呢？"

警察说："都装在一个花瓶里，花瓶放在窗台上，花都枯萎凋谢了，只剩下了花枝。"

福小莫环顾四周，继续问道："地板和窗台上有血迹吗？"

警察摇了摇头，"除了一点儿灰尘，什么都没有，只有床上有血迹。"

福小莫听到这里打了个响指，接着严肃地说："这是一起谋杀案，凶手在窗台边上杀死了里沙，然后清理了现场，再将尸体移到床上，让人觉得是自杀。"

福小莫为什么这么说呢？

159. 海底深处的血案

在太平洋某处海底深40米的地方，有一个日本的水生动物研究所，专门研究海豚、鲸鱼的生活习性。研究所里有主任拉米和3个助手平川、吉野、石田。那里的水压相当于5个大气压。

一天，吃过午饭，3个助手穿上潜水衣，分头到海洋中去工作。下午1点50分左右，陆地上的真井来到研究所拜访，一进门，他就惊恐地看到拉米满身血迹地躺在地上，已经死去。

警察到现场调查，发现拉米是被人枪杀的，死亡时间在1点左右。据分析，凶手就是这3个助手其中之一。

可是3个助手都说自己在12点40分左右就离开了研究所。

平川说："我离开后大约游了15分钟，来到一艘沉船附近，观察一群海豚。"

吉野说："我同往常一样去了离这里10分钟左右路程的海底火山。回来时1点左右，看见平川在沉船旁边。"

石田说："我离开研究所后，就游上陆地，到地面时大约12点55分。当时香织小姐在陆地办公室，我俩一直聊天。"香织小姐证明石田1点钟左右确实在办公室里。

听了3个助手的话，警察说："你们之中有一个说谎者，他隐瞒了枪杀拉米的罪行。"

你能推理出谁是说谎者吗？是谁枪杀了拉米？

160. 谍报人员的失误

秘密谍报人员布鲁默·K开着摩托车在上坡的急转弯处停下，关掉灯，引擎开着。手表的夜光针正好指着夜里1点钟。再过5分钟，军司令部联络官去M基地送新的导弹配置命令的汽车将从这里通过。为了盗取这一秘密文件，布鲁默·K在半个月前潜入该国。

这条公路是通往位于山上的M基地的专用道路，所以夜间很少有车辆通过。

不久，在夜雾弥漫的前方黑暗处有灯火出现，正向此靠近。就在车开到距离只有十五六米时，布鲁默·K打开车灯，突然迎上去，挡住对方的去路。对方措手不及，急忙转动方向盘急刹车，但没刹住，车撞破防护栏，翻下20来米深的山谷中。原想汽车受到这一冲击会引燃汽油着火的，但车子翻了两三圈，撞到了岩石上后停了下来。

布鲁默·K将摩托车藏在道旁的草丛中，然后拿起事先准备好的装汽油的容器下到山谷。联络官趴在方向盘上已经死了。一个黑色的革质皮包从打碎了的车窗中掉出来。布鲁默·K从联络官的身上找到钥匙，打开皮包，用高感度红外线照相机将导弹配置计划的机密文件拍了下来，然后按原样将文件放回包中扔到车里，再将容器中的汽油浇到车子上，用打火机点燃。火一下子烧了起来，瞬间车子被熊熊烈火包围了。

布鲁默·K拿着空汽油容器回到公路上，迅速骑上摩托车离去。

翌日，布鲁默·K在电视新闻中看到那辆车被完全烧毁，尸体和皮包也都被烧成灰烬便放心了。人们一定认为是司机在驾车时打盹儿翻到山谷而引燃汽油烧毁的。

布鲁默·K将拍下的机密文件的胶卷送往本国情报部后，立即收到本部的紧急命令。命令的内容：敌方已对那起事故起疑，开始秘密调查，即归国。

如果敌方发现那起翻车事故是阴谋所致，必定要修改导弹配置计划，那么好不容易弄到手的胶卷也就无任何价值了。

"我干得很谨慎，怎么会露马脚呢？"布鲁默·K不由得自言自语道。

那份机密文件布鲁默·K只是拍了照，而且拍完后又原样放回皮包中，所以即便皮包中的文件没有被完全烧毁，也应该不会引起对方怀疑。

布鲁默·K反省了那天深夜的行动，确信从头到尾都没有出现疏漏，就连阻挡汽车前行时的摩托车轮胎印也都去得一干二净，而且行动时又无其他车辆通过现场，自然不会有目击者。那么到底是留下了什么证据而引起对方的怀疑呢？

他百思不得其解。他有什么失误，你知道吗？

161. "母女"情深

青森县公安局不久前接到匿名举报，有个代号为"猛虎"的犯罪团伙，近日准备将一批婴儿卖往一个偏僻山村。

火车站出口处，开往筑波的特快即将发车。一个俏丽的少妇，怀抱着啼哭的婴儿，正随着缓缓流动的人群走近检票口。

"这孩子怎么啦？是病了？"化装成车站服务员的女刑侦员贞子"关切"地问。

俏丽少妇幽怨地一瞥，叹道："唉，这孩子刚满月，我们夫妻俩忙得没时间照顾她，结果我家这千金受了凉，得了感冒，真是愁煞人。"她边说边给孩子擦泪。

贞子上前摸了摸女婴的头，果然很烫手，"大嫂，你这千金多大了？"

"到今天才一个月零三天，唉！"俏丽少妇又是一叹，又不停地给孩子擦泪。

"真的？"贞子的眼里射出冷光，"我是公安局的，请跟我走一趟！"

在审讯室，换上警服的贞子面对又哭又闹的少妇，说出了拘捕她的原因。

你知道是什么原因吗？

162. 神秘算式

这天，侦探员卢诺要到数学教授萨胡尔家去做客，为了了解关于昨天一宗银行抢劫案的情况。

卢诺在约定的时间到了萨胡尔家的大门口，当他正准备按门铃时，他发现大门是半掩着的，便走进了教授的家中。

他坐在了客厅的沙发上，没有看见教授本人。扫遍了整个客厅后，目光停在了一台台式电脑的荧屏上，这时是计算状态，上面打着"101×5"的一道算式。卢诺看了觉得十分纳闷，萨胡尔教授算这个还要用计算器？

突然，卢诺从这道算式中觉察到了什么，立即拨了110。

这是怎么回事呢？

163. 南瓜饼

女演员伦莎这些日子正同来西欧的一个浪荡公子打得火热，两人整天形影不离。伦莎垂涎这个公子囤积的珠宝，一心想据为己有。但这个美女也发现，这名叫布奇的公子贪食超过了贪色，于是她筹划在餐桌上做点儿手脚。

这天晚上，旅馆服务员给这对野鸳鸯送来了咖啡和南瓜饼。布奇快要把自己的那盘南瓜饼都吞进肚子时，打了个嗝，眼珠翻了翻，从椅子上摇摇晃晃地倒下去了。15分钟后，伦莎打电话找医生，惊动了正在这个旅馆住宿的名探柯小南。

伦莎把柯小南请进了布奇的房间，布奇仍在昏睡。伦莎对柯小南说，他在失去知觉前把自己那盘南瓜饼都吃光了，也许布奇的那盘掺进了过多药物。说着，露出了一口洁白光亮的牙齿。

警方人员来到以后，柯小南对警长说："如果布奇的珠宝被盗，伦莎的嫌疑最大。"

柯小南根据什么做出这种判断？

164. 县令审案

有一个小偷偷了一个农民的东西，被当场捕获，小偷被送到县衙，县官发现小偷正是自己的儿子。于是在一张纸条的正面写上"小偷应当放掉"，而在纸的反面写了"农民应当关押"。

县官将纸条交给执事官去办理。执事官不想误判此案，但是又不敢得罪县官，你们猜他是怎么做的？

165. 钻石失窃案

上午9点30分。

豪华的"雪浪"号大型游艇正在大洋上逆流而上，突然身穿丧服的爱德华太太急匆匆地找到船长说："糟了，我带的一个骨灰盒不见了！"

船长听了爱德华太太的话，不以为然，他笑着对她说："太太，别着急！好好想想看，骨灰盒恐怕是没有人会偷的吧！"

"不，不！"爱德华太太额头冒汗，连连解释，"它里面不仅有我父亲的骨灰，而且还有3颗价值3万马克的钻石。"

二次大战前，爱德华太太的父亲巴顿教授应加拿大多伦多大学的聘请，前去执教。后来战争爆发了，他出于对希特勒法西斯政权的不满就留在了加拿大。光阴荏苒，一晃就是几十年。

开始他只身在外，后来他的大女儿爱德华太太去加拿大照料他的生活。这一年春天教授突然得了重病卧床不起，弥留之际嘱咐女儿务必把他的骨灰带回德国，并把自己多年的积蓄换成钻石分赠给在德国的3个女儿。

爱德华太太无比懊丧地对船长说："正因为这样我才一直把骨灰盒带在身边。我认为骨灰盒总不会有人偷，没想到我人还未回到故乡，几个妹妹还未见到父亲的骨灰，今天就……"

船长听罢原委，立即对艇上所有进过爱德华太太舱房的人进行调查，并记录了如下情况：

爱德华太太的女友露丝：9点左右进舱房同爱德华太太聊天；9点05分因服务员迪卡来整理舱房两人到甲板上闲聊。

爱德华太太：9点10分回舱房取照相机，发现服务员迪卡正在翻动她的床头柜。她愤怒地斥责了迪卡几句。两个人争吵了10分钟，直到9点20分。

9点25分，女友露丝又进舱房邀请爱德华太太去甲板上观赏两岸风光，爱德华太太因心绪不佳，没有答应。

到了9点30分服务员离开后，爱德华太太发现骨灰盒已不翼而飞……

如果爱德华太太陈述的事实是可信的，那么盗贼肯定是迪卡与露丝两个人之中的一个，但无法肯定是谁。

为难之际，有个船员向船长报告说："我隐约看见船尾的波浪中有一个紫红色的小木盒在上下颠簸。"

船长赶到船尾一看，果然如船员所说。于是他当机立断，下令返航寻找。此时是10点30分。

到11点45分终于追上了那正在海面上顺流而漂的小木盒，立即把它捞了上来。

经爱德华太太辨认，这个小木盒正是她父亲的骨灰盒，可是骨灰盒中的3颗钻石却没有了。

这时，船员又拿出笔记本，仔细地分析刚刚记录下来的情况，终于断定撬开骨灰盒窃取了钻石，然后将骨灰盒抛下大洋的人是谁。

破案的结果，同船长得出的结论是一致的。

你知道这些钻石是谁偷的吗？

166. 演员的手段

美国西部高原的别墅圣地比往年提前半个月下了第一场大雪。那里有30厘米厚的积雪。大雪是在星期六早晨6点钟停的，可中午刚过，在被大雪封门的圆木造的别墅里，就发现了作家凯洛格的尸体。发现者是刚从东京回到的凯洛格夫人。凯洛格的胸部、腹部被菜刀砍了数刀，倒在血泊里。推断死亡时间是当天上午9点左右。

被害人几天前为写一个电视剧本一个人来到这里。房门的后门戳着一套滑雪板，雪上面留着两条滑雪的痕迹，那滑雪板的痕迹一直通往离此处有40米远的一所红砖别墅。去那幢别墅一直是上坡路。

红砖别墅里有位电视演员井上晴美，她是一个人来此静养的。刑警很快找到了她。当问到与被害人的关系时，她并没有露出反感之情，作了如下回答：

"星期五中午凯洛格来到我的别墅。不久下了大雪，于是就在我这里过了一夜。今天早晨起来一看，大雪已经停了，我们一起喝了速溶咖啡，8点钟左右，他回到自己的别墅去了。因为说是中午夫人要来，害怕和我的关系败露，他便慌张地离开了。"

"你家门外面的滑雪痕迹是他回去时留下的滑雪板痕迹吗？"

"是的。我家有两套滑雪板，一套就借给了凯洛格。因他不太会滑雪，抬起屁股、似站非站地滑回去了。"

"你滑得好吗？"

"一般还滑得来，可昨天有些感冒，积雪以后就没出过门。我的别墅周围除了凯洛格回家的滑雪板的痕迹，再没别的痕迹。"井上晴美强调说雪上没有留下自己的脚印。

不错，正像她说的那样，在积雪30厘米厚的雪地上，只留有凯洛格回家的痕迹，没有其他任何滑雪和鞋子的痕迹。

凯洛格的滑雪板痕迹也不是一口气滑下去的，中途好像多次停下来的样子，左右滑雪板的痕迹或是离开较宽或是压在一起，显得很乱。他果真滑雪技术很差。

凯洛格在自己别墅被杀的时候，已经是3个小时之前。雪停之后，如果作案后嫌犯从现场逃跑的话，当然会在雪地上留下足迹。夫人发现丈夫的尸体时，也不知为什么没有那种足迹。

这样的话，仍然是井上晴美值得怀疑。于是，警察严厉地追问她。

"被害人的夫人说一定是你杀害了他，你要和被害人结婚，然而被害人又没有与妻子分手的勇气，你讨厌他这种犹豫不定的态度，一赌气杀了他对吧？"

"那是夫人胡说。雪停之后我一步也没离开过自己的别墅，不可能去杀人呀。"她很冷静地反驳道，但她的罪行终究还是被揭穿了。

其关键问题就是她别墅门外的那棵松树。那棵松树上的积雪有一半落在地面上，刑警发现后便揭穿了她那巧妙的作案手段。

那么，那是什么手段？

167. 当天空出现彩虹

鲍尔在午餐时间去拜访沙策队长，沙策队长请他吃了一大碗的猪排饭，因为他正是为此而来的。沙策队长无奈地摇摇头，从他们认识以来，就没见鲍尔的生活好转过。

"这几天都没有什么重大的案件发生。前几天一位名字和我酷似的警员破获了一起枪案，媒体就大肆报道，真是不公平。我上次侦破的那件雏妓案，为什么就没有人来采访我呢？"鲍尔边舔着饭碗里的米粒边说道。

窗外忽然下起一阵大雷雨，驱散了街上的行人。不一会儿，雨停风歇，晴空中出现了一道彩虹！

"哇！好漂亮的彩虹！"沙策队长打开窗户，笑着说道。他面对的正好是东西向的交通要道，彩虹一览无余地呈现在他的眼前。

"说到彩虹……我想起来，济州有一家海鲜店，那儿的红鱼很不错……"鲍尔边用牙签剔牙边说着。

就在那时候，路旁一家珠宝店忽然被几名歹徒闯入，抢了不少的金戒指和几十条金项链。

沙策队长火速赶往现场，详细调查了歹徒的特征与外貌，下令全面追查刚刚逃走的歹徒。过了半天，捉回来三名外形符合的嫌犯。

第一个激动地说："什么抢劫？那是几点钟发生的事？5点30分？我正在南公园附近的小吃店吃面，突然下起雨，我躲了一会儿，雨停了，才走没多远就被抓了，为什么？"

第二个说："突然下起大雷雨，我很怕闪电和打雷，所以去附近的咖啡屋避雨。等到雨停了，我走到教堂前忽然看到彩虹，就停下脚步观赏。因为看得太久，而且阳光又很刺眼，所以就离开了。但是却被警察抓来，真不知是为什么。"

第三个男的也接着说："我和一个女孩在书店买书，因为下雨，只好一直待在店里。出来之后，我们就分开各自回家了。什么？要找那个女孩？别开玩笑了，她只是我在书店认识的小女孩，连她叫什么名字我都不知道。什么彩虹我没看见，反正什么事我都没做。"

鲍尔一会儿双臂交叉，一会儿抓抓头发，什么端倪都查不出来。沙策队长此时沉默了一下，断定这三个人中有一个人在说谎。

读者朋友，你们知道是谁吗？

168. 庄园里的老妪

吉尔吉接过一份报告，看了一会儿，对警长说："根据验尸的报告，戴维太太是两天前在她的厨房中被人用木棒打死的。这个孤独的老妪多年来一直住在山顶上破落的庄园里，与外界几乎隔绝。你觉得这是什么性质的谋杀呢？"

"哦，真该死！我昨天凌晨4点钟就接到一个匿名电话，说她被人谋杀了，我还以为这又是一个恶作剧，因此直至今天还没有着手调查。"警长汉尼尴尬地说道，"那么我们现在去现场看看吧。"

警长将吉尔吉引到庄园的前廊说："由于城里商店不设电话预约送货，而必须写信订货，老太太连电话都很少打。除了一个送奶工和邮差是这里的常客，唯一的来客就是每周一次送食品杂货的男孩子。"

吉尔吉紧盯着放在前廊里的两份报纸和一个空奶瓶，然后坐在一张摇椅上问："谁最后见到戴维太太？"

"也许是季本太太，"警长说，"据她讲前天早晨她开车经过时还看见老太太在前廊取牛奶呢。"

"据说戴维太太很有钱，在庄园里她至少藏有5万元。我想这一定是谋财害命。凶手手段毒辣，但我们现在还找不到线索。"

"应该说除了那个匿名电话，我们还没有别的线索，"吉尔吉更正道，"凶手实在没料到你会拖这么久才开始调查！"

吉尔吉怀疑谁是凶手？

169. 高明的作案

8月15日早晨3点30分左右，在一座大楼里，一个保安人员遇害。看来是潜入大楼的强盗因被保安人员发现而杀人后逃跑。

搜查的结果，很快在当天晚上找出了嫌疑犯，是住在郊区的一个单身男人。

刑警立即赶到他家。

"今天早晨3点30分你在哪儿？"刑警在询问他有没有不在现场的证明。

"那个时候，我早就起床了，正在我家院子里用一次性照相机给我栽的牵牛花拍开放的系列照。"那人指着院子一角栽种的一片牵牛花介绍说，"这种牵牛花是在清晨3点10分左右开始开花，约40分钟后开完，我一直在拍照。"

将照片与花对照起来看，的确是今天早晨在院子里拍摄的。刑警们为慎重起见，又送到斯坦福大学的植物研究所，给专家看了照片，以了解牵牛花的开花时间。

调查的结果是这个地区8月中旬时，牵牛花开花早的是凌晨2点开始，一般是从3点开始绽开花瓣，4点左右开花结束。

这样一来，那人当时不在作案现场的证明是成立的。从他家到作案现场，开快车也少不了一个小时。

可是，留在现场的指纹证明嫌犯还是他。

他没有同伙，到底使用什么手段伪造了这些照片呢？

170. 为什么是诬陷

皮特和艾尔是同事。一天，两人扭打着到了公安局。

皮特对警官说："昨天晚上，家里的灯都熄了，我突然听到扭打声。于是，我跳下床去看个究竟，正撞上一个人从我女儿的房间里跑出来，冲下楼梯去了。我在后面猛追，当那人跑到街口时，我借着路灯看清他是艾尔。他跑了大约50米远，扔掉了一个什么东西。那东西在路面弹了几下后掉进了阴沟，在黑暗中撞击出一串火花。我没追上他，回到家一看，女儿被钝器击中，倒在地上。"

警方按照皮特说的地点，找到了一尊青铜像，青铜像底部沾的血迹和头发是皮特女儿的，而且青铜像上有艾尔的指纹。

艾尔辩解说："指纹可能是我前几天在皮特家玩留下的。"

侦探柯小南听了他们两人的述说，根据现场所见，沉思了片刻，对着皮特说："你在诬陷艾尔。"

为什么？

171. 画家神秘死亡

"你要多少钱都可以，只希望你替我暗中调查内人的私生活是不是有问题。"金森摆动着肥胖的身躯跟在柯小南身后哀求着。柯小南因为经济上周转不灵，别人又催着他还钱，实在无心调查这起外遇案件。

"你心中就没有怀疑的对象？"

"有，一个叫唐逸的画家！"他回答。

"既然有，又何必叫我去调查呢？"

"因为没有证据啊！"他狠狠地捶了一拳在桌上。

柯小南没办法，只好答应。

他马上从口袋里掏出一张照片，这是一个十分美丽的女人，他腼腆地说："这是我内人梅晓。"

"哦，很漂亮！"柯小南回答，这是典型的老夫少妻。

"我平时工作忙碌，她说想要学绘画，我就送她去唐逸那儿学画！"

"唐逸能有今天，还不是靠我的帮忙，没想到他居然忘恩负义！"他生气地说。

"你太太曾向你提起过吗？"

"不，她什么都没说，所以我要证明事实。"

"在哪儿学画？"

"黄石西路的烟昊大厦，我太太肯定在那里。"

随后，柯小南对唐逸做了一番仔细的调查。原来他绘画造诣很高，目前仍然未婚，因风流性情赢得许多女人的芳心，因此也结下不少仇家。

柯小南趁他外出时潜入他的公寓，小心翼翼地装好窃听器，正好隔壁房间没人住，所以就租了下来，以方便窃听。这些花费当然都由金森负担。

在窃听中柯小南才明白，有一个叫阜平的人和唐逸常起冲突，是为了受奖的事，一度还差点儿造成流血事件。这些对话，柯小南都做了录音。

关于唐逸和梅晓之间的对话，柯小南更是仔细去听，可以证明他们的确有亲密关系，只是唐逸并非真心爱她。柯小南将录音放给金森听，金森气得暴跳如雷。

又过了一个月，柯小南担心的事发生了：唐逸夜里被人刺杀身亡。可惜窃听器忘了按下开关，没有录到任何线索。

侦探多喜二认为能够进入屋子的一定是熟人，所以金森、梅晓、阜平三人都有嫌疑，而在尸体旁找到了金森的打火机，所以侦探肯定凶手就是金森。

"不是他！"柯小南对得意扬扬的多喜二提出抗议。

"你连窃听器都忘了开，又怎么知道不是他？"多喜二嘲笑地盯着柯小南。

"无论如何，我已经知道是谁了！"作为私家侦探，柯小南从来认为自己不比他们差，所以不服输地回答。

各位朋友，你们猜出来了吗？

172. 谁毒杀了敲诈者

电话铃响时，职业网球运动员小田春野正在厕所里，一听见铃响，他慌忙从厕所里跑出来，立即拿起听筒。

"我说的钱准备好了吗？"

一听见那男人的声音，小田春野一下子挺直了身体。

"啊，正在设法……"

"那今天把钱交给我吧。"

"在什么地方？"

"利兹车站附近，有栋利兹公寓，到那所公寓的209号房间来。"

"什么时候？"

"下午2点吧，那么，恭候光临了。"

对方发出讨厌的笑声后挂断电话。

小田春野紧握着听筒思考良久，他打定主意后，从桌子抽屉里拿出一个小药瓶。

瓶子里装着氰酸钾，这是他昨晚在妻子的电镀工厂剧毒柜中偷偷取出来的，瓶盖上密封着玻璃纸。

那是一天早上发生的事故，小田春野因此担惊受怕。打了一夜麻将，在回来的路上，他的车把送报纸的中学生撞倒。清晨，天刚发白，幸而无人看见，他便丢下被撞的学生，开足马力逃跑了。但是，还是有目击者拍下现场照片，以此敲诈他。

电话铃响时，纯情派歌手波兰正在厨房里独自吃早餐，虽然时间已经不早了。

"给你说的钱准备好了吗？"一听到那个男人的声音，波兰全身战栗了一下。

"这个……嗯……"

"今天把钱交给我。"

"在哪儿？"

"利兹车站附近，有栋利兹公寓，请到那所公寓的209号房间来。"

"这个……今天约好驾车出去游玩，所以……"

"喂，你觉得游玩兜风与我的交易相比，哪个更重要。总之，下午1点到3点之间，随时都可以来，我等着。"

对方威吓着挂断电话。

波兰握着听筒，呆呆地想了一阵，心一横，从柜子的抽屉里拿出一个手帕包着的纸包，纸包里有大约半勺氰酸钾。

这是两年前她那从事文学工作的表哥自杀时残留的氰酸钾。波兰对这个表哥怀有爱慕之心，她充满伤感，将这包氰酸钾作为遗物保留下来。

"只要取回副本，就用这包药最后解决问题吧，难以应付今后一次又一次的敲诈，不知道自己是否有胆量……"

高中时的偷盗行为，使她悔恨莫及。放暑假时，她到百货公司买东西，忽然像着了魔似的，偷了香水和化妆品，结果被发现，受了一通教育。不知这个敲诈犯怎么把那时的警察记录搞到了手，复制了副本来敲诈她。

翌日（8月5日）的朝刊刊登了一则消息："采访记者淳子死在××区××街利兹公寓209号房间。"

死者被这所公寓的房主赤井先生发现。赤井先生说他三天前外出旅行，其间，他的友人也就是被害者找他借下这间房。

死者的死因是氰酸钾中毒。死亡时间推断为昨天下午1点至3点之间，桌上杯子里装有未喝完的果汁，果汁掺有氰酸钾。

房间里装有空调设备，冷气机开着，不知什么原因窗户也开着。室内被人翻动过，因此警察认为是他杀，并已开始侦查。

当天下午，从1点半到2点半，这所公寓一带曾停电一个小时左右。是因为卡车司机疲劳驾驶，撞上电线杆，将电线切断。

小田春野也读了那则消息，"哼，活该，这样就清净了。不过，当时没注意正在停电，我怕遇见人麻烦，因此没乘电梯，从楼梯上去的，可偏偏在楼梯遇见了两个主妇，运气不好啊。不过，我戴着太阳镜，倒不用担心，209号房间不是那家伙的住房，这倒挺意外。"

波兰也把那则消息反复读了几遍。"去时在公寓附近的道路上，停着两辆巡逻车，我以为发生了什么事，有些紧张，原来是卡车事故造成停电。幸亏是白天停电，要在晚上停电就糟了。进公寓时，那些看热闹的人都盯着我看，不过我化了装，戴着太阳眼镜和假发，不用担心别人会认出我，不过，万一刑警打探到我这里来了怎么办呢？……啊，不要紧，没有证据表明我去了那间屋……总之，那个男人死了，不会有人玷污纯情歌手的名声了。"

那么，聪明的读者，用氰酸钾毒杀敲诈者的嫌犯，是两人中的哪个？为什么？

173. 秘密地道

申明送画到潘先生的寓所，他惊讶地发现大门开着。就在他走进大厅时，突然听见由寝室里传来阵阵痛苦的呻吟声。他闯入室内一看，原来有一个警察负伤倒在地上，环顾四周却没有发现潘先生的踪影。

看到这种景象，申明手足无措地站在那儿，负伤的警察忍痛发出微弱的声音："秘密……地道……逃……走了……"说着，用手指向床底。申明发现床底有一块板子，大概人就是从这儿逃走的吧。

"掀……板……开关……米……勒……"

警察说到这儿就断气了。申明钻到床底，想要掀开板子，但是使尽力气，就是打不开。

"开关……米勒……他是否说开关设在米勒那幅画的后面？"这幅米勒的《播种者》复制品是申明上次送来的。他走到钢琴旁，把画拿下来，看着粉刷得雪白的墙壁，左看右看，就是找不到开关。

好胜心强的申明，为了寻找秘密地道的开关，根本就忘了通知警察这件事。

"秘密地道的开关，究竟是装在哪儿呢？"

在他焦虑、烦躁的时候，他突然灵机一动，"啊哈！原来就是在这儿。"

这个秘密地道，直通后巷的下水道，凶手大概是顺着下水道逃得无影无踪的。

16 岁的申明，到底是在哪儿找到了这秘密地道的开关呢？你能解开这个谜团吗？

174. 溺水之死

星期天早晨，彭湖水面上漂浮着一具尸体。死者看上去像是乘租用的小船垂钓时翻船溺水而死的。死亡时间是星期六下午 5 点钟左右。

起初这起死亡事件被认为是单纯的意外事故，但经团侦探调查后认定是他杀案。而凶手竟是死者一个在某大学附属医院任药剂师的朋友，因为他欠死者一大笔债。

可是，嫌犯有不在现场的证明。星期六他租用另一条小船在彭湖和被害人一起钓鱼，下午 3 点钟左右与被害人分手，一个人乘坐彭湖车站下午 3 点 40 分发的电车回到 J 市自己的家里。列车到达 J 市车站是 6 点 30 分。这其间嫌犯一直坐在列车上，并有列车员的确切证词，但团侦探仍然揭穿了他巧妙作案的手段。

那么，嫌犯用了什么手段使被害人溺水而死呢？

175. 车痕

伊探长每天清晨都会在山间跑步。这是一个雨后的清晨，天空悬着些许阴霾，空气却格外清新。伊探长骑着自行车，来到山脚下准备跑步……突然，他发现了路边躺着一个警察，腹部插着一把刀，满身是血，奄奄一息。

伊探长慌忙取下脖子上的围巾，为警察止血。

危在旦夕的警察用微弱的声音说："五……六分钟……前……我看见……有个人行……行踪很……可疑，上前质问……没想到……他竟然袭击……了我……然后，骑着我的自行车……跑……了……"

警察说完，用手指指向凶手逃跑的方向，便死了。

有两三个附近的居民刚巧路过，于是伊探长就请他们代为报警，自己骑上自行车，顺着凶手逃跑的方向寻找线索。

骑着骑着，伊探长来到一个双岔路口。这两条路，都是缓缓的斜坡，而且在距离交叉点40米外的地方均在施工，所以路面都是沙石和泥土。

伊探长先看了一下右侧的岔路，沙石路面上有明显的自行车轮胎的痕迹。

"凶手似乎是顺着这条路逃走的。"

为了谨慎起见，他也查看了左边岔道的路面，也有车轮的痕迹。

"他究竟是朝着哪个方向逃走的呢？反正眼前的两条路，他总会选择一条的。我想有一辆自行车，骑上坡或者下坡，走过警察所倒下的那条路。根据两车前轮和后轮所留下的痕迹，应该立即就能看出凶手是从哪条路逃走的。"

伊探长以敏锐的观察力，详细比较了两部自行车的车轮痕迹。"右侧道路的痕迹，前轮后轮大致相同；而左侧的道路为什么前轮的痕迹会比后轮浅？哦，我知道了。"

于是伊探长就追了下去。

你能推断出伊探长是从哪条路追下去的吗？

176. 谁杀了画家

著名画家李文沙因车祸受伤，痊愈后只能以轮椅代步。虽然他的画很值钱，但他从来不卖，只送给朋友或慈善机构。李文沙的住宅是一幢五层楼高的独立洋房。为了方便，他安装了专用电梯。正好近来他的弟弟李文勇失业，李文沙就叫他来做助手，还可照顾自己的生活起居。兄弟俩相处得不错。

有一天，李文沙的同学沈峰来探望他。沈峰也是一个坐轮椅的人，他这次和慈善机构的施先生一起来，准备与李文沙商讨是否可以资助一家医院的事情。

当沈峰和施先生进门时，李文勇主动接待了他们，请他们在楼下大厅坐下后，李文勇就用对讲机与楼上的李文沙通话，要求带客人上五楼画室，但是李文沙坚持下楼与客人见面。

这时，他们看到电梯在四楼停了一下，然后就下来了。电梯一到楼下，自动门就打开了。他们看到李文沙竟然死在狭窄的电梯内。他的后颈被一把锐利的短剑刺穿，在短剑的剑柄上系着一条粗橡胶绳子。

李文勇走进电梯内，把李文沙的尸体和轮椅一起推出来，为他把了一下脉，脉搏已经停止了跳动。

"奇怪，难道四楼的画室还有其他人？"

"除了电梯，还有没有其他的太平梯？"

沈峰及施先生询问李文勇。

"嗯，还有一个紧急用的回旋梯，如果凶手真的在楼上，那么要逮捕他，就如同探囊取物了。"

"那么我们现在分成两批来进行搜查。"

坐轮椅的沈峰乘电梯上去。沈峰到了四楼，一个人影也没看见。他瞄了一眼李文沙的画室，图画凌乱地散落在地上。这时李文勇也气喘吁吁地从回旋梯上来了。

施先生利用画室的电话通知了警察，随后也跟着李文勇钻入电梯的纵洞内。过了一会儿，只有他一个人从里头钻了出来，手脚、裤子都沾满了灰尘。

现场中四楼画室的窗子都镶上了铁窗，所以凶手根本没办法从窗口逃出。李文沙是坐电梯下楼时遇害的，电梯由四楼到一楼，都没有停止过，凶手不可能避开三个人的视线逃走。

这时候，沈峰忽然想到，他刚才乘坐电梯时，看到电梯的顶板上有一个气孔。

"哦，原来是这个样子，我确定凶手绝对是他弟弟李文勇。他在我们来访之前就先做好了手脚，待会儿警察来了之后，你就把他逮住交给警方。"

你知道这是为什么吗？

177. 凶手是如何作案的

有一天晚上9点，温督察和往常一样在家中书房里看书，正看得入神，忽然停电，四周一片漆黑。这时忽然传来一声巨响，连窗户的玻璃都被震得粉碎，温督察连忙出去看个究竟。原来是邻居的房子爆炸着火，看到这种情况，他不敢怠慢，马上跑到现场。

根据现场情况显示，这很可能是一桩有计划的谋杀放火事件，因为里面住的一个独居老妇人被烧死在寝室里。法医解剖的结果显示，死因是煤气中毒。她是否自己先放煤气自杀？这也不见得，假使是自杀，那煤气怎么会爆炸呢？寝室只有电话和放器具用的一个木盒子而已，别无他物，而发生爆炸时，这一带正停电，也不可能是因为漏电而发生煤气爆炸，引起火灾，看样子可能是有定时炸弹之类的东西爆炸。

温督察参加了此案的侦破工作。

他认为最有可能的嫌疑犯是被害者的侄儿，也就是她唯一的财产继承人。因为外出，被害者有许多宝石股票都寄存在银行，投了寿险，而且指明领款人也是她侄儿。由此推测，很可能是她侄儿为了急于得到这份财产而下毒手。可是案发时，这个嫌疑者不在现场，而且有有力的证据证明他当时在别处。当时他住在一家旅社里，这家旅社距离现场有10公里之遥，而且旅社的服务生也出来作证，证明当时他确实在旅社里。

你知道凶手是谁吗？

178. 冬夜命案

在一个白雪纷飞的冬夜，梅西路56号的房门里有一个单身女子被人杀害，行凶时间为当夜8点左右。

警方一到现场就展开了深入调查，发现房间中的瓦斯炉被火烘得红红的，室内极热，电灯依然亮着，然而紧闭的窗子却只掩上了半边的窗帘。

当时被害人住所附近的居民——一个年轻人向警方提供的目击证据如下：

昨晚8点左右，我目击了凶案发生，虽然我的房间离现场有20米，但我发现凶手是个金发男子，戴着黑边眼镜，并且还蓄着胡子。

警方根据他提供的线索，逮捕了死者的一个金发男朋友。

在法庭上，这个金发嫌疑人的律师很有把握地为他辩护，并询问了目击者："年轻人，案发当时你是偶然在窗子旁看到了这个凶手，是吗？"

"是的，因为对面的窗子是透明的，而且那天晚上她的窗帘又是半掩的，所以我能从20米外清楚地看见凶手的脸。"

这时，律师很肯定地说："法官大人，这个年轻人所说的都是谎话，也就是犯了伪证罪。以我的判断，他的嫌疑最大，因为他是在行凶后把被害人家里的窗帘拉开逃走的。还给警方提供假口供，企图掩盖自己的罪行。"

结果，经过审查，律师的推断是正确的，你知道律师是怎样推断的吗？

179. 案发何时

某日早晨9点左右，拉赫来到海边散步，赫然看见一艘帆船倾斜在沙滩上，此时正值退潮，拉赫愈想愈奇怪，于是走近帆船。走到船边，他对着船舱大声喊了几声，可没有人回答。这么一来，拉赫就更好奇了，他沿着放锚的绳子爬到甲板上，从甲板的楼梯口往阴暗的船室一看，呈现在眼前的是一位躺在血泊中的船长，胸前插着一把短剑，看样子是被刺死的。

船长的手中紧握着一份被撕破的旧航海图，在他躺卧的床头上，还竖着一根已经熄灭的蜡烛，蜡烛的上端呈水平状态，也许船长是在点燃蜡烛看图时被杀害的，凶手杀死船长后就吹熄了蜡烛，夺去航海图才逃跑的。

　　拉赫认为这是一宗谋杀案，事关重大，马上报了警。警察来后开始寻找线索。

　　"这艘船大约是昨天中午停泊在此处，船舱里白天也是非常阴暗的，所以，即使在白天看航海图也需要点蜡烛，因此船长被害的时间并不一定是晚上，可是船长到底是何时遭到毒手的呢？"

　　警察们一面查看尸体，一面讨论着。

　　"船长被害的时间，就是在昨晚9点左右。"拉赫干脆利落地判断。

　　那么拉赫是根据什么作出如此大胆的判断的呢？

180. 男歌星的死亡

　　在美国，家庭宴会盛行。今晚，在加西亚家中举行的晚宴此时已进入高潮。

　　在宾客当中，最受青睐的是青年男歌星约瑟。他被女人们围在中间，神采飞扬，尽管平日有些酒量，但由于连连干杯，所以他也有了几分醉意。

　　主人加西亚厌恶地望着得意扬扬的约瑟，用叉子叉上一个沾了调味汁的大虾走上前去。

　　"约瑟，今晚你的领带真漂亮啊，又是哪个相好送的礼物吧？"

　　他一边讥讽着，一边若无其事地晃动着手中的叉子，黑红的调味汁溅了约瑟一领带，雪白的丝绸料上顿时污迹斑斑。

　　"哎呀，真对不起，对不起。"

　　"不，没什么，这种领带算不了什么……"约瑟毫不介意，取出手帕欲将上面的污迹擦掉。

　　这时，加西亚夫人走了过来。

　　"要是用手帕擦会留下痕迹的，洗脸间里有洗洁剂，我去给你洗洗。"

　　"不用了，夫人，没关系，我自己去洗，夫人还是应酬其他客人吧。"

　　因有加西亚在场，约瑟假装客气一番，然后迅速朝洗脸间走去。

洗洁剂就在洗脸间的架子上放着，他将液体倒在领带上擦拭污迹，擦掉后立即回到宴会席上，边喝着威士忌，边与人谈笑风生。

突然，他身子晃了一晃便倒下了，威士忌的杯子也从手中滑到地上摔碎了。

宴会厅里举座哗然。急救车立即赶来，将约瑟送往医院，但为时已晚。死因诊断为酒精中毒死亡。

然而，只有一个人暗地里幸灾乐祸，他就是加西亚，他得知自己的妻子与约瑟有私情，才以此进行报复的。

那么，他究竟用什么手段杀了约瑟呢？

181. 谁杀了护士

某医院的护士小眉上午没到学校上课，科主任下午到小眉的住所去探望。

当他到了小眉的住所后发现室内的灯是开着的，可是他按了几下门铃，却没人来开门。

主任很奇怪，于是请管理员来开门，门开了，发现小眉身着睡衣躺在地上，浑身是血，已经死去多时。于是主任立即报警。

警方来后展开调查，发现死者是胸口被刺身亡。

根据伤口推断，死者可能是昨晚9点左右遇害的。警方又调查了左邻右舍以及管理员，知道在昨晚9点左右，有两个男子来拜访过小眉，一个是小眉的男友，一个是一个学生的哥哥——当地的流氓。这两个夜访者说，先后按了门铃，都不见回音，就离开了。

主任详细观察了周围，然后目光停在了门上的猫眼上，于是他指出了凶手是谁。

你知道是谁吗？

182. 蒙蔽警方的凶手

荒野中，有个叫约翰逊的男子被人绑在树上窒息而死。西莱侦探到了出事地点，协助警方侦破此案。

他发现约翰逊的嘴被堵着，脖子被生牛皮绕了三圈。经警方鉴定死亡时间是在下午4点左右。警方马上逮捕了一个嫌疑犯。

但经过调查，此人从上午至下午尸体被发现为止，不在作案现场。警方找不到证据，要释放此人。

不料被西莱拦住，他详细地做了一番分析，此人终于承认了自己的罪行。

请问：凶手是用什么手段蒙蔽警方的？

183. 化学家的助手

一天晚上，化学家贝克所在研究所的助理员汉森，突然在值班室被炸死了。

贝克赶到现场，见值班室的地板上有许多厚玻璃片和一块直径约15厘米的石头，汉森躺在床上，脸部和胸部都扎进了不少玻璃片，满床的血。有一扇玻璃窗也被炸裂，地板上还有一个直径很大的被震碎的玻璃瓶瓶底，瓶底上拴有几根打着结的钢琴丝。看样子，这爆炸好像是由玻璃瓶内的什么东西引起的。贝克捡起一块碎片，嗅了嗅，有一种酒精的味道。这就怪了，现场没有危险的硝化甘油，没有旧式的火药，没有燃烧过的痕迹，这爆炸又是从何而起的呢？贝克又发现，书架上湿漉漉的，还有水淌下来，使地板也湿漉漉的。他想，这爆炸的玻璃瓶中一定装满了水。然而，水也不该爆炸呀！贝克把与汉森同时值夜班的一个青年警卫叫来询问。警卫说在晚上9点钟左右，他跟下班的艾肯到村里的一家饭店里去吃夜饭了，在那他没听到爆炸的声音。和艾肯分手后回到所里已经近11点，才发觉值班室的窗子被震坏了。

艾肯是工厂里研究使液态硝化甘油冷冻的技术员。贝克听说是他把警卫叫出来的，立即觉得这爆炸与艾肯有关。因为贝克知道艾肯和汉森都爱着所里的一个漂亮姑娘，他们两个是情敌，联系到艾肯是搞冷冻试验的，贝克就更明白了。

那么，艾肯是怎样借爆炸来杀害情敌的呢？

184. 欢快的游鱼

昨晚下了一场大雪，今早气温降到了零下5摄氏度。警察询问某案的嫌疑犯，当问到她有无昨夜11点左右不在作案现场的证明时，这个独身女人回答："昨晚9点钟左右，我那个旧电视机出了毛病，造成短路停了电。因为我缺乏电的知识，无法自己修理，就吃了片安眠药睡了。今天早晨，就是刚才不到30分钟之前，我给电工打了电话，他告诉我只要把大门口的电闸给合上去就会有电了。"可是，当警察扫视完整个房间，目光落在水槽里的几条热带鱼上时，便识破了她的谎言。警察发现了什么？

第三章　数学游戏

185. 妈妈的桌布

妈妈准备给家里的圆形餐桌买一块正方形桌布，量得圆桌桌面直径是1.2米，高是1.5米，若要使铺在桌面上的正方形桌布的四角正好接触到地面，正方形桌面的对角线应是多少米？

186. 神奇的"7"

125×4×3=2000这个式子显然不等，可是，如果在算式中巧妙地插入两个数字"7"，这个等式便可以成立，你知道这两个7应该插在哪儿吗？

187. 想一想

打0.5千克醋2角4分，火柴每盒2分。现在我给你一个能装0.5千克醋的空瓶和2角4分钱，请你动动脑筋，如何运用已学过的数学知识帮我打来0.4千克醋并买来2盒火柴？

188. 赚了还是赔了

20年前，当加尔文开始经营他的古董店时，他收购了两尊非常棒的小雕像。两天后，第一尊小雕像卖了198元，赚了10%，然后，第二尊雕像卖了198元，赔了10%。那么，加尔文是赚了还是赔了？

189. 有多少人考试

春雷小学三年级二班有40多人参加数学考试。老师在统计成绩时发现，平均2个人中有1个人得优；平均3个人中有1个人得良；平均7个人中有1个人得中；只有1个人不及格。那么，三年级二班有多少人参加了数学考试？

190. 50个数相乘

1×2×3×……×48×49×50=?

1到50的50个数相乘，乘积是一个非常大的数。

用笔算很困难，用电子计算机算，很快就算出这是一个65位的数。这个65位的数，尾部有好多个零。现在请你巧算一下，到底有几个零?

191. 百鸟

宋代，传说有一位广东的状元，名叫伦文叙，为苏轼画的《百鸟归巢图》题了一首奇怪的诗：

天生一只又一只，

三四五六七八只。

凤凰何少鸟何多，

啄尽人间千万石。

画的标题中说是"百鸟"，题诗中却不见"百"字踪影。画中的鸟儿，究竟是100只还是8只?

192. 大圆与小圆

两个圆环，半径分别是1和2，小圆在大圆内部绕大圆圆周一周，问小圆自身转了几周? 如果在大圆的外部，小圆自身转几周呢?

193. 猜数字

在下面这个加法算式中，每个字母代表0—9中的一个数字，而且不同的字母代表不同的数字：

$$
\begin{array}{r}
AB \\
+\,CD \\
+\,EF \\
+\,GH \\
\hline
III
\end{array}
$$

请问缺了0—9中的哪一个数字?

194. 电话号码

首先,原来的号码和新换的号码都是4个数字;其次,新号码正好是原来号码的4倍;再次,原来的号码从后面倒着写正好是新的号码。那么新号究竟是多少?

195. 数学家的年龄

一位数学家的墓碑上刻着这样一段话:"过路人,底下是我一生的经历。有兴趣的可以算一算我的年龄:我的生命前1/7是快乐的童年,过了童年,我花了1/4的生命钻研学问。在这之后,我结了婚。婚后5年,我有了一个儿子,感到非常幸福。可惜我的孩子在世上的光阴只有我的一半。儿子死后,我在忧伤中度过了4年,也跟着结束了我的一生。"

根据墓碑上所刻的信息,你能计算出数学家的年龄吗?

196. 卖小鸡

艾米和贝茜是邻居,她们每天都去集市上卖小鸡。贝茜每天卖30只,两只卖1元,回家时她可以得15元;艾米每天也卖30只,3只卖1元,一共可以得10元。有一天,艾米生病了,于是她请贝茜帮她卖小鸡。贝茜带了60只小鸡去了集市,并以5只2元的价钱卖。当她回家时,她一共得了24元。因此,这个要比两人分别卖时少赚了1元。那么,为什么会少1元呢?是贝茜拿走了吗?

197. 合适的数字

在下面算式的 ▲ 内填入一个合适的数字，使算式成立。

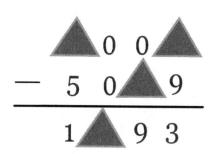

198. 星期几

如果今天的前5天是星期六的前3天，那么后天是星期几？你能猜出来吗？

199. 买布

有一位姑娘到一家新开张的布店里买两匹布，精心挑选后问多少钱，店铺的伙计说："姑娘真是好眼光，今天是本店开张的吉日，只收半价。"姑娘一听就说："既然是半价，那我买你两匹布，再把一匹布折合成一半的价钱还给你。这样咱们就两清了。"如果你是这位伙计，你会答应这笔买卖吗？

200. 飞鸟

有一辆火车以每小时15公里的速度离开北京直奔广州，另一辆火车以每小时20公里的速度从广州开往北京。如果有一只鸟，以30公里每小时的速度和两辆火车同时出发，从北京出发，碰到另一辆车后返回，依次在两辆火车间来回飞行，直到两辆火车相遇。请问，这只小鸟飞行了多长距离？

201. 出现过多少次5

从1点到2点之间，电子表上显示的时间数字中出现过多少次5？

202. 平行四边形

圆周上均匀地钉了9枚钉子，钉尖朝上，用橡皮筋套住其中的4枚，可套得一个平行四边形。共有多少种套法？

203. 路标

某乘客乘汽车经过一个地方，看到一个路标上的数字是15951，他觉得很有趣。这个数字的第一个数和第五个数相同，第二个数和第四个数相同。汽车行驶了2个小时，该乘客又看到另一个路标上的数字，仍然是第一个数和第五个数相同，第二个数和第四个数相同。汽车2个小时一共行驶了多少公里？另一个路标上的数字是多少？

204. 一道算式的争论

两位数学老师相对坐在办公室看同一份作业，他们为了其中的一道题争得面红耳赤。

A说："这个等式是正确的。"

"不，这完全是错误的。"B说。

你觉得他们看的是一个什么样的式子呢？

205. 她多大

赵小姐的岁数有如下特点：

它的3次方是一个4位数，而4次方是一个6位数；

这4位数和6位数的各位数字正好是0—9这10个数字。

问：赵小姐今年几岁？

206. 酒鬼有几个

一群酒徒聚在一起要比酒量。先上一瓶，各人平分。这酒真厉害，一瓶喝下来，当场就倒了几个。于是再来一瓶，在余下的人中平分，结果又有人倒下。现在能坚持的人虽然已经很少，但总要决出个胜负来。于是又来了一瓶，还是平分。这下总算有了结果，全倒了。只听见最后倒下的酒徒中有人嘟囔道："咳，我正好喝了一瓶。"你知道一共有多少个酒徒在一起比酒量吗？

207. 圆圈与数字

图中9个圆圈组成4个等式，其中3个是横式，1个是竖式。你知道如何在这9个圆圈中填入1至9这9个数字，使得这4个等式都成立吗？注意，1至9这9个数字，每个只能填一次。

$$\bigcirc - \bigcirc = \bigcirc$$
$$\times$$
$$\bigcirc - \bigcirc = \bigcirc$$
$$\|$$
$$\bigcirc + \bigcirc = \bigcirc$$

208. 完成谜语

算一算，在问号处填上什么数字可以完成这道题?

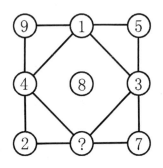

209. 与众不同的数字

下列哪个数字与众不同呢?

9421, 7532, 9854, 8612, 6531, 8541

210. 竖形数列

问号中应该填入什么数字?

211. 烧香

有两根不均匀分布的香，每根香烧完的时间是1个小时，你能用什么方法来确定一段15分钟的时间？

212. 求和

方框中的数字都是2—6中的数字（可以重复），那么这9个方框中数字之和是多少？

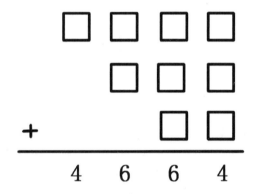

213. 等式

在下列各式中，□、○、△各代表什么数？

$$150-□-□=□；$$
$$○-○+○=○；$$
$$△×9+2×△=22。$$

214. 问号代码

最后的正方形中丢了数字几?

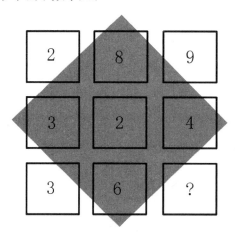

215. "账面"价值

有一天,古董商加尔文·克莱克特伯尔买了一个铸铁的喷水龙头:上面是一条鳄鱼,嘴里吞着一条鱼。他为这件绝妙的艺术品支付了90%的"账面"价值。第二天,一个收藏家看见后,说愿意支付高出他25%的费用将其买下。加尔文毫不犹豫地答应了,这样,他就从这笔交易中赚了105元。那么,你能否根据这些实际情况推算出这件诱人的古玩的"账面"价值呢?

216. 加错页码

有一本50页的书,把这本书的各页的页码累加起来时,有一张纸的页码错误地多加了一次,得到的和为1300,那么中间多加的页码为多少?

217. 按时归队

有 3 个士兵请假出去玩，但按规定他们必须在晚上 11 点赶回去。他们玩得太高兴了，以至于忘记了时间。当发现的时候，已经是 10 点过 8 分。他们离营地有 10 千米的距离。如果跑着回去需要 1 小时 30 分，如果骑自行车回去要 30 分。但他们只有一辆自行车，并且自行车只能带上一个人，所以必须有一个人要跑。那么，他们能及时赶回去吗？

218. 排列数字

这纯粹是一道数字题。有人向你挑战要将图表中的 17 个数字重新排列，使排列之后的每一条直线上的数字相加之和都等于 55。

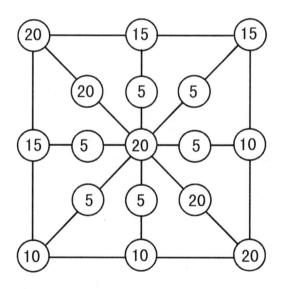

219. 固定的数

叮当对大雄说："你用一个个、十、百位全部相同的 3 位数，除以这三个数字之和，我可以知道它的答案是多少。"大雄随口说三个数字，发现叮当的回答果然不错，其实答案是一个固定的数，你知道这个固定的数是多少吗？

220. 代表哪一个数字

努力学习×4=习学力努

热爱祖国×9=国祖爱热

努=（　）力=（　）热=（　）爱=（　）

学=（　）习=（　）祖=（　）国=（　）

221. 角度

这个立方体有两面已经画出了对角线。请问对角线 AB 和 AC 之间的角的度数是多少？

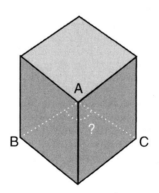

222. 爬井的青蛙

一只青蛙掉进了一口 18 米深的井。每天白天它向上爬 6 米，晚上向下滑 3 米。按照这个速度，多少天它才能爬出井口？

223. 细长玻璃杯

有两个细长玻璃杯，大玻璃杯的杯口直径和杯身高度正好是小玻璃杯的2倍。现在把小玻璃杯当作一个容器，先在其内装满水，然后倒入大玻璃杯中，那么我们需要多少次才能把它倒满？

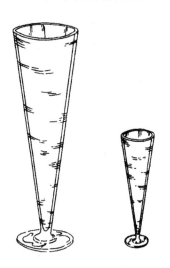

224. 走失的数字

每个格子中的2个数字都有同一个规律，你能找出这个规律并确定走失的数字吗？

6，219	4，67
5，128	3，?

225. 最大的整数

如果+、-、×、÷分别只能使用一次，那么下面这几个数字中间分别应填什么符号，才能使其得出最大的整数？（注：可以使用小括号。）

4 2 5 4 9 = ?

226. 数字之和

图中共有15个空白圆圈，在这些圆圈里分别填入496—510这15个数，使每个菱形的各顶点4个数之和都为2008。

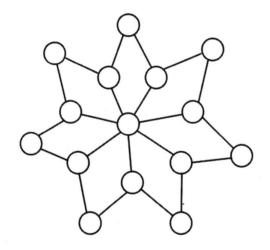

227. "奥赛"试题

"奥赛"试题共20道，按评分标准，答对一题得5分，答错一题扣1分。如果小明在竞赛中都把题做完了，但只得了70分，请你算算他一共答对了多少题。

228. 推算生日

艾伦德病故于1945年8月31日，他的出生年份恰好是他在世时某年年龄的平方与他该年龄的差，问：他哪年出生？

229. 填数字

将1到25这25个自然数分别填入下图的方格中，使每行、每列和每条对角线上的数字之和为65，而且要求在涂了颜色的方格中的数字必须是奇数。

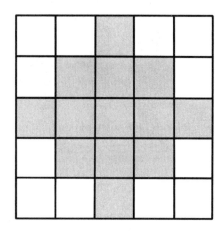

230. 左撇子，右撇子

一个班级里的学生有左撇子，有右撇子，还有既不是左撇子也不是右撇子的学生。在这道题目里，我们把那些既不是左撇子也不是右撇子的学生看作既是左撇子又是右撇子。

班上1/7的左撇子同时也是右撇子，而1/9的右撇子同时也是左撇子。

请问班上是不是有一半以上的人都是右撇子？

231. 数字相加

100个连续自然数（按从小到大的顺序排列）的和是8450，取出其中第1个，第3个……第99个，再把剩下的50个数相加得多少？

232. 谁留下的墨迹

很不幸，不知是谁在纸上留下了墨迹，遮盖住了一些数字。此题中，0—9每个数字各使用了一次，你能重新写出这个加法算式吗？

233. 下一个数

256，269，286，302的下一个数是什么？

234. 出生日期

1993年的一天，有一个男子曾说："我今年的生日已经过了，我发现我现在的年龄正好是我出生年份的4个数之和。"你能推算出这个男子是哪一年出生的吗？

235. 有趣的珠子

有三堆同样大小的珠子，每堆80颗，只有蓝色和绿色。第一堆的蓝珠子与第二堆的绿珠子同样多，第三堆有四分之一是绿珠子。这三堆珠子一共有绿珠子多少颗？

236. 纸牌

在很多年以前的棒球联赛赛场上，有这样一个做法，选手在参加完每场比赛之后都会得到报酬。在一场棒球比赛中，这4个人——马尔文、哈维、布鲁斯以及罗洛要分享233元。比赛结束了，马尔文分得的钱比哈维多20元，比布鲁斯多53元，比罗洛多71元。请问这4名选手在那天早晨分别获得多少钱？

237. 射击比赛

甲、乙二人进行射击比赛。规定每中一发记20分，脱靶一发扣去12分。两人各打了10发子弹，共得208分，其中甲比乙多得64分，甲、乙二人各中了多少发？

238. 5个阿拉伯数字

会运奥爱我×4=我爱奥运会，"我爱奥运会"分别代表一个阿拉伯数字，猜猜看，是哪几个呢？

239. 算式成立

请在下列算式中填上+、-、×、÷运算符号，使等式成立：1 2 3 4 5= 6 7 8 9。

240. 两桶红酒

房间中有两桶红酒，分别是A和B。

首先，将A桶中的酒倒进B桶，倒入的酒量与B桶中的酒相等。

然后，将B桶中的酒倒回A桶，倒回的酒与A桶中现有的酒相等。

最后，再将 A 桶中的酒倒回 B 桶，倒入的酒与 B 桶现有的酒相等。

此时，每桶中各有 48 升的葡萄酒。那么，两个桶里原本有多少酒？

241. 9 个空格

将 1 至 9 这几个数字分别填入 9 个空格里（每个数只用一次），使得每一行的 3 个数字组成一个三位数。如果要使第二行的第三位数是第一行第三位数的 2 倍，第三行的第三位数是第一行第三位数的 3 倍，应该怎样填？

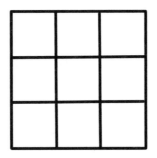

242. 找规律

"台阶"图的每一层都由黑色和白色的正方形交错组成，且每一层的两端都是黑色的正方形，从上到下第一层到第四层如图所示，则第 1993 层中白色的正方形的数目是_____。

243. 报数问题

排好队，来报数，正着报数我报七，倒着报数我报九，一共多少小朋友？

244. 字母组合

如图所示，用字母代替数字0—9，同样的字母代表同样的数字。你能正确求出每个字母代表的数字，使水平方向和垂直方向的所有等式都成立吗？（线索：DF是一个可以开平方的数）

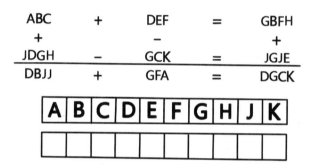

245. 给工人付费

你让工人为你工作7天，给工人的回报是一根金条。金条平分成相连的7段，你必须在每天结束时给他们1段金条，如果只许你两次把金条弄断，你如何给你的工人付费？

246. 教授的女儿

一个教授有三个女儿，三个女儿的年龄加起来等于13，乘起来等于教授的年龄。有一个助手已知教授年龄，但不能确定其三个女儿的年龄，这时教授说只有一个女儿的头发是黑的，然后这个助手就知道了教授三个女儿的年龄。请问三个女儿的年龄分别是多少？为什么？

247. 吃饼干

有15块饼干。最开始的人吃了1块，把剩下的平分，分给了2个人。拿到饼干的2个人又像之前一样，吃了1块，然后分别平分给2个人。吃1块饼干的时间是1分钟，中间转手的时间不计。吃饼干的人数不限。这些饼干最快几分钟吃完？

248. 百米赛跑

兔子和乌龟又进行了百米赛跑。这次兔子赢了。兔子到达终点时，乌龟离终点还有10米。假如把兔子的起跑线往后设10米，它们会同时到达终点吗？

249. 神秘的字母A

在下列乘法算式中，每个字母代表0—9中的一个数字，而且不同的字母代表不同的数字：AS×A=MAN，A代表0—9中的哪一个数字？

250. 会出太阳吗

中午放学的时候，还在下雨，大家都盼着晴天。小明对小英说："已经连续三天下雨了，你说再过36小时会出太阳吗？"你说呢？

251. 求面积

把大正三角形每边分成8等份，组成如图所示的三角形网。如果每个小三角形的面积都是1，求图中粗线所围成的三角形的面积。

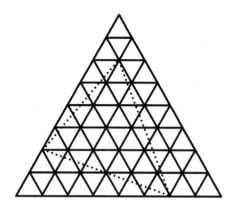

252. 多才多艺

　　某个大学的一个宿舍里有8名大学生，已知有6个人会游泳，有5个人会滑冰，有4个人会打乒乓球，该宿舍内这三种运动都会的最多有几人？

253. 神奇的数字

　　把数字从1乘到6看：

$$142857 \times 1 = 142857$$
$$142857 \times 2 = 285714$$
$$142857 \times 3 = 428571$$
$$142857 \times 4 = 571428$$
$$142857 \times 5 = 714285$$
$$142857 \times 6 = 857142$$

　　同样的数字，只是换了位置，反复出现。那么把它乘以7是多少呢？我们会惊人地发现是999999，而142+857=999，14+28+57=99。

　　最后，我们用142857×142857，又会怎样呢？

254. 水果拼盘

请你迅速说出下面方格中李子、蜜桃、苹果和梨各有多少。

李子	蜜桃	苹果	梨	李子	蜜桃	苹果	梨
梨	李子	蜜桃	苹果	梨	李子	蜜桃	苹果
苹果	梨	李子	蜜桃	苹果	梨	李子	蜜桃
蜜桃	苹果	梨	李子	蜜桃	苹果	梨	李子

255. 笼中物

王阿姨把家里养的鸡和兔子装在一个笼里，现在知道它们的数量是一样的，又知道把所有鸡脚的数量和兔脚的数量加在一起总共有90只。想一想，笼子里的鸡和兔子各有多少只？

256. 钱包

有一天，罗斯先生急匆匆地跑进警察局，大喊自己的钱包被盗了。

"现在要镇静，罗斯先生，"张森警察说，"有人刚刚交还了一个钱包，也许是你丢的，你能把里面的东西描述一下吗？"

"好的，"罗斯回答说，"里面有一张我的照片以及电话簿。哦，对了，还有320元，共8张钞票，而且没有10元的钞票。"

"完全吻合，罗斯先生。给，这是你的钱包。"

那么，你知道他钱包里有哪8张钞票相加之后正好是320元吗？

257. 和尚分馒头

100个和尚分100个馒头，正好分完。如果老和尚一人分3个、小和尚3人分一个，正好分完。试问大、小和尚各有多少人？

110

258. 没收钱币

某个地方有这样一个规定：商人带着商品每经过一个关口，就要被没收一半的钱币，再退还一个。有一个商人，在经过10个关口之后，还剩下2个钱币，你知道这个商人最初共有多少个钱币吗？

259. 猜年龄

丽丝对自己的年龄非常敏感。40年前，当人们问她来到人间已有多少年时，她总是一成不变地背诵下面的诗句作为回答：

五乘七加七乘三，加上我的年龄，此数比我年龄的两倍减二十还大六乘九加四。

当丽丝第一次背诵这诗时，她无疑是说得很准的。可是你能说出她现在的年龄是多大吗？

260. 速算

高斯小时候很喜欢数学，有一次在课堂上，老师出了一道题："1加2、加3、加4……一直加到100，和是多少？"过了一会儿，正当同学们低着头紧张地计算的时候，高斯却脱口而出："结果是5050。"

你知道他是怎样快速地计算出来的吗？

261. 分羊

从前有个牧民，临死前留下遗言，要把17只羊分给3个儿子，大儿子分总数的1/2，二儿子分总数的1/3，三儿子分总数的1/9，并规定不许把羊宰割分，求3个儿子各分多少只羊。

262. 能喝多少瓶雪碧

某商店规定，3个空的汽水瓶可以换1瓶雪碧，乐乐买了10瓶雪碧，他一共可以喝多少瓶雪碧？（注意是一共）

263. 算一算

今天，妈妈考了我一道题：56个荔枝与48个杏子重量相等，每个杏子比荔枝重5克，问每个杏子和每个荔枝各重多少。我想了想对妈妈说："这道题没别的数字了吗？"

妈妈说："没有。你开动脑筋想一想。"

我想了半天还是没有答案，你们知道正确的答案吗？

264. 多少小方格

数一数下图中有多少个白色的方格。

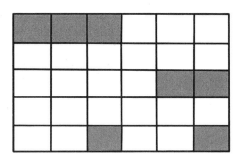

265. 猜数字

你能猜出问号处对应的是什么数字吗？

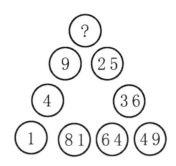

266. 真实的年龄

马奇出生在一个大家庭。五年前，他的年龄是最小的那个妹妹的五倍。而现在，他的年龄只是妹妹的三倍。

那么，马奇今年到底多大了？

267. 认真的天平

这里有一个天平和13块重量相同的金条，现在在左边离轴心3格的那个秤盘里放了8块金条，在右边离轴心4格的秤盘里放了4块金条，天平不平。已知1个秤盘和1块金条的重量相同，请你移动1块金条，使天平恢复平衡。想想该怎么移动？

268. 白珠与黑珠

想一想方格里应串上：

(1)（　　　）个黑珠；(2)（　　　）个白珠。

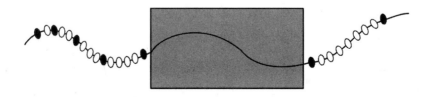

269. 4个4

用4个"4"列出得数为1、2、3、4、5的五个算式。

270. 魔幻方框

把1，2，3，4，5，6，7，8，9这九个数分别填在下面的九个方框中，可使以下等式成立：

$$\square\square \times \square\square = \square\square \times \square\square\square = 3634$$

271. 数字巧推

1

11

21

121

111221

312211

13112221

1113213211

……

接着是什么数？

272. "排兵布阵"

将从8开始的11个连续自然数填入下图中的圆圈内，要使每边上的三个数字和都相等，共有几种填法？

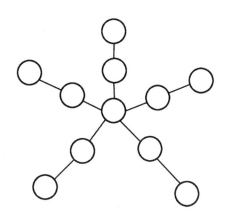

273. 共卖出多少鸡蛋

姑姑到集市上去卖鸡蛋，第一个人买走篮子里鸡蛋的一半又一个，第二个人买走剩下鸡蛋的一半又一个，这时篮子里还剩一个鸡蛋，请问姑姑共卖出多少个鸡蛋？

274. 蚂蚁搬面包

一只蚂蚁外出觅食，发现一大块面包。它就立即回去唤出了10个伙伴，可是仍然搬不动。于是，每只蚂蚁又各回去找了10只蚂蚁，大家再搬，还是不行。所以，每只蚂蚁又回去每人搬了10个救兵，仍然不行，大家只好又回去每人搬10个救兵，这次终于搬动了面包。你知道一共用了多少只蚂蚁吗？

275. 书的价格

有一本书，兄弟俩都想买。如果用哥哥的钱单买缺5元钱，如果用弟弟的钱单买缺1角钱，如果两人把钱合起来只买一本书，钱仍然不够用。那么，这本书的价钱是多少呢？

第四章　图形游戏

276. 拼图游戏

用一块正方形的厚硬纸，照下图剪成7块，用这七块纸板可以拼成各种动物、用具等，我们把这7块板叫作七巧板。请用七巧板摆出一个动物、一个用具的图形。

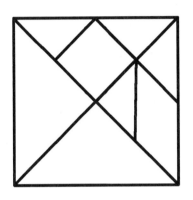

277. 猫鼠游戏

猫逮住白鼠还是黑鼠？

278. 房子变球门

用14根火柴可搭成一间由3个四边形和2个正三角形组成的房子。现在给你9根火柴，让你改建一个球门，应该怎样做呢？

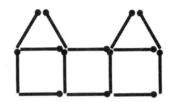

279. 箭头朝向

下面的空格里应该填上朝何方向的箭头呢？

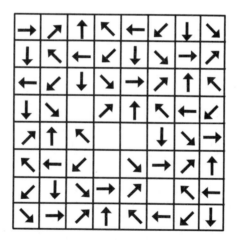

280. 五角星

如图，在纸条的两端一共有五个点，你能把这些点全部连接起来画出一个五角星吗？

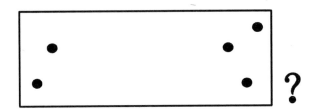

281. 哪个不一样

下面几个图片中，哪一个与其他的不一样？

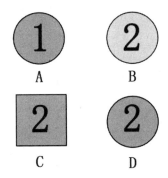

282. 曲线半径

哪条线的曲线半径最大？

283. 贪玩的蜗牛

1只蜗牛掉进了棋盒，它想走完所有的格子回到原点，但它每次只能"上下"或"左右"移动一格，不能跳动，它要怎样走呢？

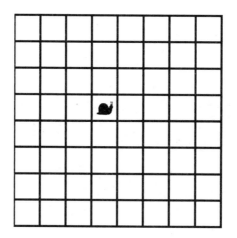

284. 哪个面积大

灰色与黑色，哪个部分的面积大些？

285. 城堡

下面是一座城堡的布局图，它的各个岗哨都用字母标注出来了，所有的岗哨都与通道相连接。如果警察想一次检查完所有岗哨并最终回到出发点，应该怎样走呢？

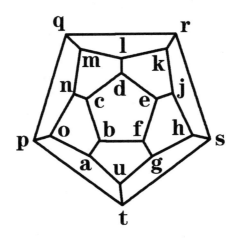

286. 错误

你看出图中的错误了吗?

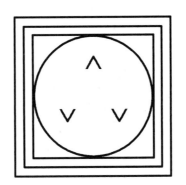

287. 神秘的图形

根据下面这些方块的图案规律, 问号代表哪个方块呢?

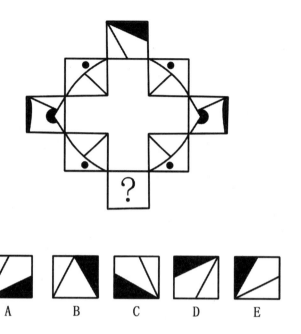

A　　B　　C　　D　　E

288. 似是而非

在这张图中，你能找到几个同左上方那个儿童溜冰姿势相同的吗?

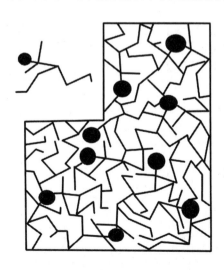

289. 隐藏的图形

下图中躲着5只可爱的小动物，请将它们一一找出来。

290. 一起数一数

如下图所示，一单层砖墙下雨时塌了一处，请你数一数，需要多少块砖才能把墙补好？

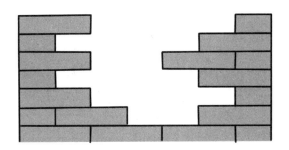

291. 大圆变小圆

哪个图形与众不同？

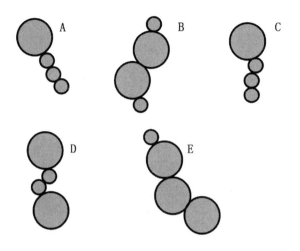

292. 镜中成像

假设这个图样中每一行的小片是它们左边的倒置镜像。也就是说，颜色相反而小片沿纵轴翻转。哪个小片没有遵循这条规则？

293. 连点画图

如图所示，有9个圆点，你能用4条直线一笔将这9个圆点连接起来吗？

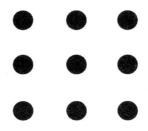

294. 宝石迷阵

在表格的每一行、每一列中，隐藏了若干宝石，其数量如表格边的数字所揭示。此外，在某些方格中标记了箭头的符号，意思就是：在箭头的方向藏有蓝宝石，当然在这个方向躲藏的蓝宝石可能不止一个。换句话说：每个箭头所指处，至少能找到一个蓝宝石。请在表格中标出你认为有蓝宝石的格子，看你能找出多少个。

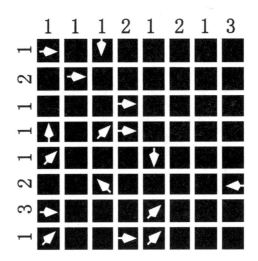

295. 巧分月牙

用两条直线可以把状若月牙的图形分为6个部分，你来试试看。

296. 补缺

有一个三角尺破碎了，其中一块如图，那么另外一块是哪个呢？

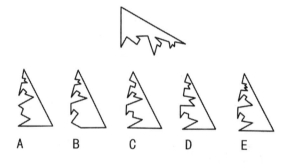

297. 一笔画

下面这个图形能一笔画成吗？

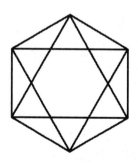

298. 巧分蛋糕

如图所示，有一个正四面体形状的蛋糕，将它从某一平面切开，切口处呈正方形，该怎样切呢？

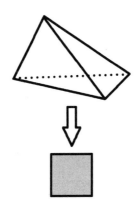

299. 巧拼图形

下面的这个花瓶的图形分割后，能再拼成长方形和正方形吗？

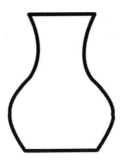

300. 分割正方形

一个正方形，如何用4条线段分别分割成11块和10块？

301. 杯子中的金币

有一次，国王把一块金币和一块稍大的银币放在葡萄酒中（如图所示），对囚犯说："你们谁能不用手或其他工具，从杯中取出金币，我就给谁自由。"谁能想出什么好办法？

302. 错误的多面角

在图中，画了一个六角帐篷，它的几何形状是一个正六棱锥，这顶帐篷有7个角落，6个着地，1个悬空。它的三面角有什么毛病？

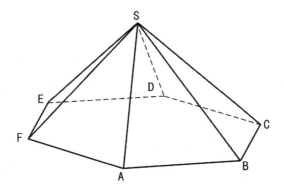

303. 拯救行动

有一个劫匪，挟持了一名人质，并将人质押在某处（如图所示），现警察欲救人，那他们如何以最短的距离解救这名人质呢？

304. 士兵配对

这些士兵拼图都被混在一起了，你能将他们各自拼好吗？

305. 图形组合

下列标有字母的图形中哪一个与左边的一样？

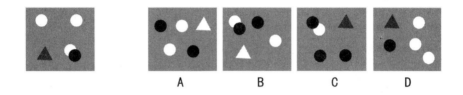

306. 摆摆看

如图所示，用16根火柴棍摆了4个正方形。你能用15根、14根、13根火柴棍也分别摆成4个小正方形吗？摆摆看。

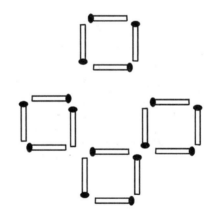

307. 伞和火柴棒

火柴棒排成一把伞的形状（如图所示）。在只能移动4根火柴棒的情况下，要把这一把伞变成两把，该怎么做？

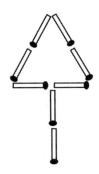

308. 镜子迷宫

如图，镜子迷宫里的粗线条都是折射镜。通过仔细观察，你能发现通过哪个缺口能指引一束激光穿过这个迷宫吗？

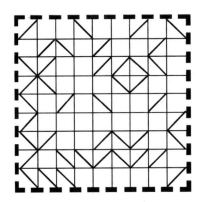

309. 奇怪的文字

在一座岛上，那里的文字看起来非常奇怪。下面是这个岛上某个月份的拼写方式，这个月和我们的哪个月份对应呢？

310. 哪部分无法被光照到

笨笨的练习册上有这样一道题，现在你也来思考思考：有一盏照明灯，灯上罩了一个伞状的罩子，如图一样把灯固定在墙壁上，请问墙壁的哪些部分无法被光照到？

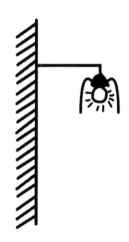

311. 字母大变身

如下图所示，你能移动一根火柴就将DUCK（鸭子）变成另一种家禽吗？

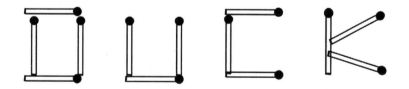

312. 图形大搜捕

哪张牌适合填在空白处？

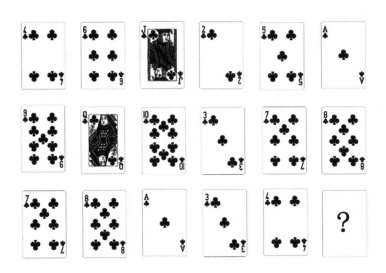

313. 谁最特殊

下列图形中哪一个是与众不同的?

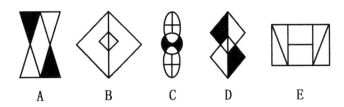

A   B   C   D   E

314. 这是几点

　　有一块被砸碎的时钟,长针和短针正好各指在某一刻度上,长针比短针多一刻度,现在你来分析分析这是几点。

315. 错变对

62-63=1是一个错误的算式，能不能移动其中的一个数字使该等式成立？移动一个符号让等式成立，又该怎样移动呢？

$$62-63=1$$

316. "象"形文字

以下字体结合，会产生什么样的新字呢？

立+土+田＝

虹+贝-虫＝

欠+山+甘＝

明+山-日+月＝

317. 轨迹想象

（1）把轮子放在一个平面上，轮上边缘有一个黑点（如图所示），使轮子在平面上滚动，画出黑点在轮子滚动时留下的轨迹。

（2）让轮子在大铁圈内侧滚动（如图所示），画出黑点在轮子滚动时留下的轨迹。

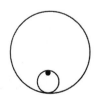

318. 不变的数字

用8根火柴可排成数字10，其实，用9根火柴也可排成10。仔细想一想其中的奥妙吧。

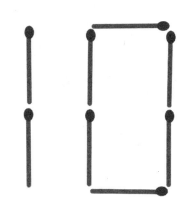

319. 连点画方

如图所示，25个点整齐排列，连接其中一些点可以画出正方形。那么，到底能画出多少个面积不等的正方形呢？

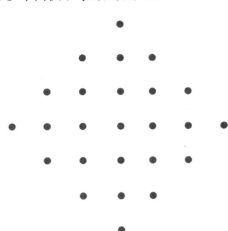

320. 破损的宝塔

年久失修的宝塔，裂缝多多，巧了，其中有两块碎片的形状是一模一样的，你能看出来是哪两块碎片吗？

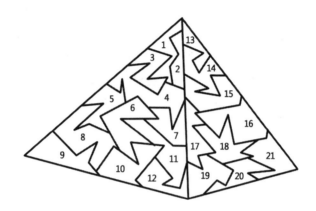

321. 巧送牛奶

牛奶公司的送货员每天都要把牛奶送到各个销售点（图中的黑点），要求路线不能重复，然后回到牛奶公司，送货员该怎么走？

322. 六边形

观察下边三个六边形，四个选项中哪一个属于这一排列顺序中的下一个图形？

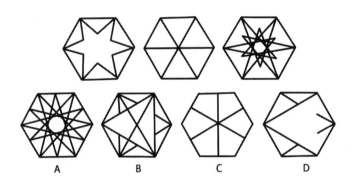

A   B   C   D

323. 龟信

一个目不识丁的少妇托人给丈夫带去一封信，信的内容如下：排整齐的乌龟，最后一只是竖着的。丈夫一看便明白了，立即收拾东西回家了。这样的信究竟何意，你看出来了吗？

324. 空中解绳

如图所示,在高高的天花板挂钩上拴了两条长绳子,现在需要把两条绳子全都解下来。请你攀绳上去,解开绳子,再安全地落到地面上。在攀登时,因只有一只手能自由活动,仅能解开绳,不能结绳,也不能攀缘屋顶和墙壁,当然,更不能使用梯子、棍棒和其他的工具等。你怎样才能下来?

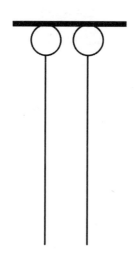

325. 隐藏的短语

找出下图中隐藏的短语或标题。

326. 直尺曲线

要画一条如图所示的半圆，不用曲线板，也不用圆规，只用三角板、直尺和铅笔，该如何画呢？

327. 有多少个等边三角形

图中有多少个等边三角形？

328. 变小

有人用石头排出了图中的"岩"字。你能不能移动几块，让它变小呢？

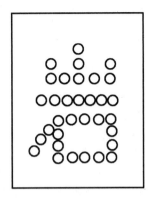

329. 麦秆提苏打瓶

只用一只手和一个麦秆把一个空苏打瓶从桌上拎起来，要求是：不能把麦秆系成结，麦秆不能和瓶子外的任何部分接触。赶快挑战一下吧！

330. 神秘的金字塔

在下图中，左边是用10根火柴排成的金字塔，右边是用10根火柴排成的倒立的金字塔。能不能只移动3根火柴，就把左边的金字塔变成右边倒立的金字塔？

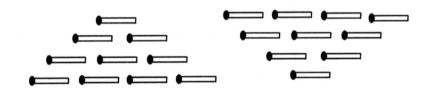

331. 三户人家

一个院子里住了三户人家。这三户人家的关系糟透了，他们不只是谁也不想跟谁说话，他们甚至不想看见彼此。

他们希望各走各的门，也就是像图上画的那样，A走A门，B走B门，C走C门。为了避免相遇，他们走的道也不能交叉，那么，他们应该怎么走呢？

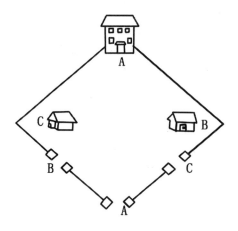

332. 画线

如图所示的九个圆紧紧地排列在一起，请你一笔画出一条线，尽量少打折，使它穿过所有的圆。有的人已经画了一条线，一共打了四个折，你还有更好的答案吗？注意，这条线一定要是直的，而不能是曲线。

333. 国际象棋

把"皇后"放在正方形棋盘上的一个角（如图），你能否只走4步就使它经过棋盘左上角的全部9个方格呢？移动每一步棋，可以穿过任意多个方格，但是只能朝着一个方向移动。

334. 找图形

请问在图形中你能够找到几个图形1和图形2？其中图形1和图形2上面可以允许有其他线段穿过。

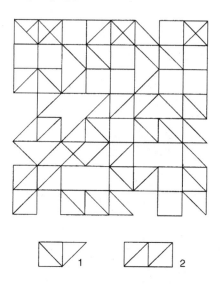

335. 店铺猜猜看

商业街道两侧有A—F共六家店铺。画阴影的是A店，各店之间的位置关系如下：

（1）A的右边是书店

（2）书店的前面是花店

（3）花店的隔壁是面包店

（4）D店的前面是E店

（5）E的邻居是酒店

（6）E跟文具店处在道路的同一侧

那么，A店是什么店？

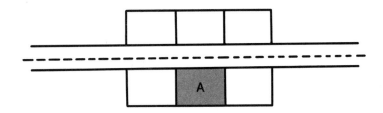

336. 等方孔圆

如何将下图分为大小和形状相同的6等份？

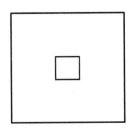

337. 找缺口

请你仔细观察积木的缺口形状，在A—F的小木块中，哪一块正好能嵌入积木？

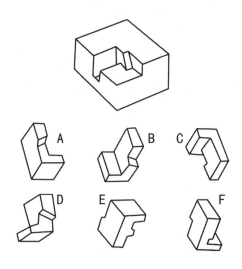

338. 骨牌

最后一张"神秘"的骨牌应该为几点？

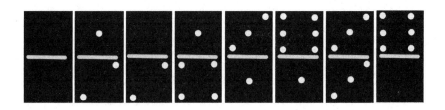

339. 水中鱼

凝视图中的鱼，它们是向哪个方向游呢？

340. 移动铜板

有10枚铜板排列成"十"字形,有人能将它移动几枚后,使得不论横数或直数都成了6枚。他是怎么移动的呢?

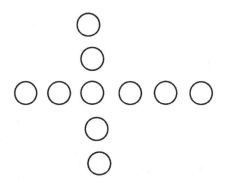

341. 高明的裁剪师

小明的姐姐是个高明的裁剪师,她做的衣服用布最节省,连一些边角废料,在她的手里都能利用。图中的两块布头,被她各剪一刀,竟神奇地拼成了正方形。你知道她是怎样剪拼的吗?

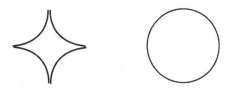

342. 龙虾的头

下图是一个用10根火柴摆的头朝上的龙虾，你能只移动3根火柴，使它头朝下吗？

343. 颠倒三角形

下面是由10个小圆片摆成的三角形图案，请你移动3个小圆片，使三角形图案倒过来。

344. 飞船

这是刚刚飞回地球的神舟飞船。图中所示是前进舱指挥舰板的平面图。相关人员要从A检查到M的每个走廊，只检查一次。通过外走廊N的次数不限。同时，进入4个指挥中心（1号、2号、3号、4号）的次数也不受限，最后在1号结束检查。起点可以从任一指挥中心开始。请把检查路线展示出来。

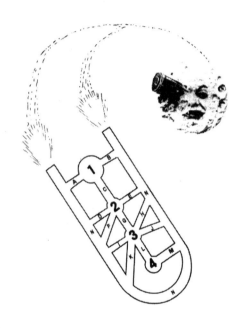

345. 小猪转向

由12根火柴摆成1只小猪。现在要求只移动1根火柴，使小猪调转方向，该如何移？

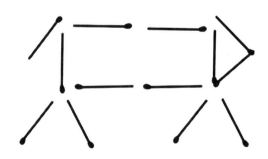

346. 授奖台

体育运动会的授奖台平面图如下。能否只剪一刀,把它拼成一个正方形?

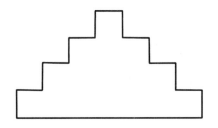

347. 正方形叠放

14个正方形叠放成了图中所示的长方形。你能确定这些正方形的叠放次序吗?请从最底下的说起。

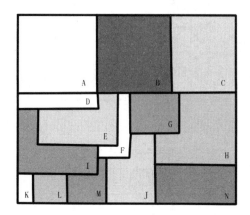

348. 符号分解

将此图分解成4个形状相似的部分,使每一部分都含有正面的5种符号。

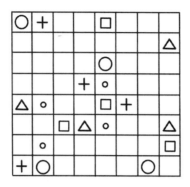

349. 黑点方格

空缺处应该放入选项A—F中的哪一个？

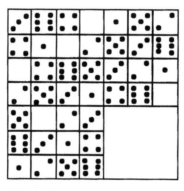

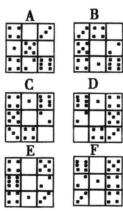

350. 你看到了什么

如图所示，你看到了什么？

351. 排列规律

哪一项不符合排列规律？

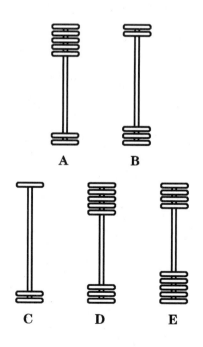

352. 美女还是帅哥

下图你看到了美女还是帅哥？

353. 火柴变字

想象一下，5根横排的火柴和3根竖排的火柴能拼几个汉字？

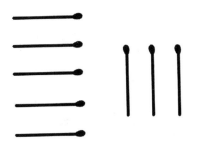

354. 巧断连环诗

下面是一首连环诗，充分发挥你的想象力，看你能读出几种读法。

355. 两个单词

这个图中有 Figure 和 Ground 两个单词，你能看见吗？

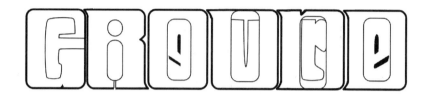

356. 等距画点

这是一张不规则的纸，要求你不用任何测量工具，在纸的同一面上画6个点，6个点都要保持较大距离，使得其中3个点的距离与另3个点的距离相等。

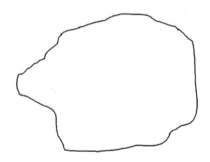

357. 巧画平行线

有一块没有洞的三角板，一支铅笔。只用这些，你能画出平行线吗？三角板使用方式不限，一旦放定则不可移动。铅笔一次只能画一条线。

358. 分隔术

你能否只用4个圆把图中的9个三角形分隔开？

359. 音符

现在来一道关于音乐的题目让你放松一下。下面哪一个音符与其他音符不同呢？

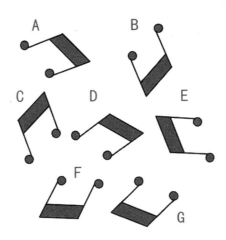

360. 骨牌覆盖棋盘

多米诺谜题中有一组经典题是用标准多米诺骨牌（1×2的长方形）覆盖国际象棋棋盘。

下图中3个棋盘上各抽走2个方块（图中黑色处），留下的空缺无法用标准多米诺骨牌填充。

你能找到这3个棋盘中哪一个能用31块多米诺骨牌覆盖吗？

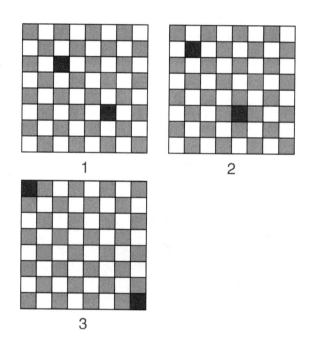

361. 找寻猫尾

准确连接猫的轮廓，请在2分钟内完成。

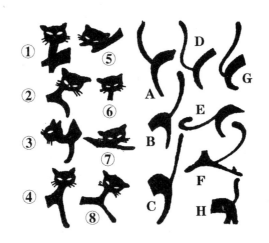

362. 藏在猫脸中的老鼠

你能看到老鼠吗?

363. 六角变花

这是一个由18根火柴组成的六角星, 现在请你移动其中的6根火柴, 把它变成6个菱形组成的图案吧!

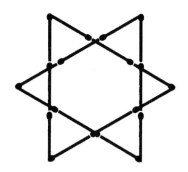

364. 巧锯正方形

　　小王家有一块奇形怪状的木板（如下图）。一天，爸爸想让小王把它拼成一个正方形，前提是只能锯两次。小王看了半天也不敢动手，你能帮帮小王吗？

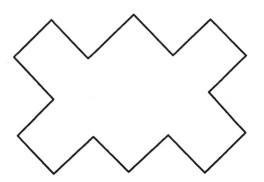

365. 转移

　　图中外围圆圈里出现的每个图形和符号，都将按照下面的规则转移到中间的圆圈里面，如果某种图形或是符号在外围的圆圈里出现1次就转移；出现2次，可能转移；出现3次，转移；出现4次，不转移。A、B、C、D和E中哪一个应该放入问号处呢？

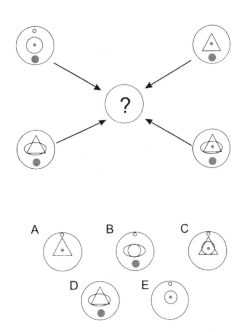

366. "皇后" 走格子

要让"皇后"走遍国际象棋棋盘上的所有格子,且每个格子只能进入一次,那么"皇后"最少要走几步?起点和终点如图所示,分别为H1和A1。

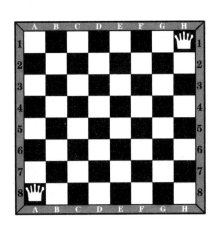

答　案

第一章　发散思维游戏

1. 烧不坏的纸锅

原因是，水在开口的（不是密闭的）容器里面，只能煮到沸腾的温度，就是100摄氏度；锅里煮着的热容量相当大的水，吸收了纸多余的热量，不让纸热到比100摄氏度高，就是不使它达到能够燃着的温度。（更切实些的实验，是用小纸盒来做的，因此，虽然火焰不断烧着纸锅，纸并不会起火燃烧。）

2. 不被承认的彩票

他参赌的是两周前的一场比赛，在比赛中这匹马跑在了最后。报纸上公布的是前一天的比赛结果，这匹马是在前一天的比赛中获胜的。

3. 妙招

在河道上撒煤粉或黑土。因为黑色物体吸收阳光中的热量多，冰雪可早日融化。在北方开冻季节，用这种办法可使河道提早通航2—3周的时间。

4. 水往高处流

蜡烛燃烧需要消耗氧气，把玻璃杯罩在蜡烛上，造成了其与外界大气的隔绝。当玻璃杯的氧气因燃烧而消耗时，杯内的大气压强小于外界大气压强，杯内的水就被压得上升。

5. 会吹气球的瓶子

白色粉末状的物体是小苏打，小苏打和醋混合会产生二氧化碳气体，气球就会被吹起来。

6. 孔明灯飞起来了

可用阿基米德原理来解释它：当物体与空气同体积，而重量（或密度）比空气小时就可飞起，此与水之浮力的道理是相同的。将球内的空气加热，球内的一部分空气会因空气受热膨胀而从球体流出，使内部空气密度比外部空气小，因此充满热空气的球体就会飞起来。加热的空气比重小，比一般空气要轻，就会往上流动。孔明灯上部挡住了往上升的热气，只要热气和外面冷空气产生的压力足够大，孔明灯就会向上走。

7. 让谁上车

将车交给自己的救命恩人，让他开车送重病人到医院，自己则留下来陪心仪已久的姑娘等公共汽车。

8. 问路

因为伊索要观察行人走路的快慢，所以要等行人走一段路以后才告诉他需要多长时间。

9. 哪个星球

地球。在地球上你随便往上空扔一块小石头，它都会弹回来的。

10. 快乐的青蛙

因为每次青蛙只能跳50厘米，又不能爬壁，所以青蛙不能从枯井里跳出来。

11. 妙取硬币

将吸管插入瓶中，紧贴硬币。把吸管含在嘴里并用力吸气，同时慢慢把吸管向上提起来。你会发现硬币像粘在了吸管上一样，被吸管提了起来。

12. 房间分配

不可能。因为将2号客人与13号客人相混了。

13. 囚徒的智慧

门拉说："我要砍头。"

这使国王很为难，如果真的把他的头砍了，他说的就是真话，而说真话就应该被绞死。如果把他绞死，那么他说的"我要砍头"便成了假话，而说假话是要被砍头的。绞死或者砍头，都违背了原来的游戏规则，结果只能将他放了。

14. 怎样带走20个鸡蛋

把篮球里的气放掉，把球的一面压瘪，使其呈一个碗状，再把鸡蛋放里面。你还有其他更好的办法吗？

15. 有趣的故事

甲讲的这个故事就是他的朋友刚才讲过的那个故事，大家怎能不笑呢？

16. 看台

如图所示，将这个看台翻过来就可以了。此题需要你对此看台有立体想象力。

17. 消失的水

因为水蒸发掉了。

18. 比面积

将这两块铁皮板放在天平两头称一称，即可知道各自的面积大小。重量大的面积也大，重量小的面积也小，重量相等则面积相等。

19. 《圣经》阅读计划

亚当斯对审判官说："我得慢慢地品味，每天一行左右。"审判官问："那不是需要几百年吗?"亚当斯说："国王陛下许可我读完《圣经》再被处死，并没有讲什么时候读完啊!"

20. 扔球

把球用力垂直向上扔，利用地球的引力，也就是重力，可以使球又掉回到你的身边来。

21. 是双胞胎吗

因为她们是三胞胎（至少）中的两个。

22. 智采草莓

东东可以装出采草莓的样子沿着圆圈跑，这样狗为了不让他采到也会跟着跑，等拴狗的绳子一圈圈缠在木桩上后，他就能采到了。之后他再反方向沿圆圈跑，让狗追他，使绳子恢复原样。

23. 房子在哪里

北极或者南极。

24. 抓果冻

4个。数量大于颜色种类。颜色必重复。

25. 猴子掰玉米

没掰到一个，因为果园里没有玉米。

26. 熊的颜色

白色的。因为只有在北极才能实现"向南走一里，向东走一里，然后又向北走了一里，最后回到起点"。而生活在北极的是北极熊，所以，这熊是白色的。

27. 水上漂针

将一个宽口玻璃杯倒满水，剪一块比钢针稍宽的软纸，把针轻放在中间，然后将带有针的纸放入水中。过一会儿，软纸会因吸满水沉入水底，此时这根针将因为水面张力的扶持而漂浮在水上。

28. 正常国与反常国

阿凡提问："您居住在此地吗？"就可知道此地是正常国还是反常国。因为那人是住在这里的，如果他摇头，那就说明这里是反常国，如果他点头，就说明这里是正常国。

29. 单摆

当球摆动到最高点的刹那间，球即不再向上，也不向下摆动，这时因绳断而不再下摆，球是垂直下落的。

30. 男孩还是女孩

穿红衣服的是个女孩，穿蓝衣服的是男孩。

因为"两个孩子至少有一个在撒谎"，所以我们假设：有一个孩子撒谎。

1. 红衣服的孩子撒谎。

那么实际情况是，穿红衣服的是女孩。从这里我们知道穿蓝衣服的小孩也在撒谎，因此不成立。

2. 穿蓝衣服的撒谎。

那么实际情况是，穿蓝衣服的是男孩。从这里我们知道穿红衣服的孩子也在撒谎，因此也不成立。

再次假设：俩孩子都在撒谎。

实际情况是，穿红衣服的是个女孩，穿蓝衣服的是男孩。此假设成立。

31. 出征

如图所示，泰勒斯指挥部队在营寨后面挖了一条很深的弧形沟渠，使两端与河水沟通。这样，湍急的河水被分流，原来河道的河水就变得浅而流速缓，大部队便可以涉水过河了。

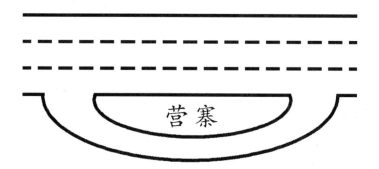

32. 收音机里的声音

他孙子就是收音机里的播音员。

33. 人和魔鬼

可以询问："你的神志正常吗？"回答正常的是人，回答不正常的是魔鬼。

34. 孰对孰错

杰瑞说得对。书的右边都是单数页码，左边都是双数页码，右边页码都比左边页码多1，根据单数+双数=单数的规律，可以判断左右两页页码的和一定是单数。

35. 扔石头

沉到江底。

36. 坐座位

满足条件的排列方法只有唯一的一种，如下图所示。

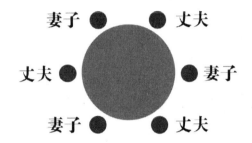

37. 找关系

你自己。

38. 称重

称重1次：A>B

称重2次：A<C

结论：C>A>B，问题就解决了。

如果第2步称重时：A>C

那么就有2种可能性：A>B>C或A>C>B，所以我们需要第3次称重来比较B和C。所以最多需要称3次。

39. 纸上的字

纸上写着：不要念出此文。

40. 两个好朋友

因为他俩住对门。

41. 寻找绿茶

甲、乙、丙、丁各是可乐、白酒、绿茶、橙汁。

42. 选择园林设计师

提名最多的第二候选人。

43. 朵拉公主买地

朵拉和大家上岸后，向酋长买来一张野牛皮，用小刀把它割成细细的牛皮条，然后把这些牛皮条连接起来。接着在平直的海岸上，选好一点作圆心，以海岸线作直径，在陆地上用牛皮绳圈起了一个半圆来。酋长一看，大吃一惊：自己部落的一半领土被朵拉圈了起来。

44. 抓强盗

柯南特意选在更夫走到屋子门外的时候点亮灯盏，这样一来强盗拿着刀的影子就很清楚地映在窗子上，给更夫提供了一个最好的暗示，所以更夫才得以知道屋子里有强盗。

45. 神奇的地方

赤道。

46. 宝盒里的画像

金盒子和铜盒子的话是矛盾的，所以必有一真。又因三句话中最多只有一句是真的，那么银盒子上的是假话。因此，画像在银盒子里。

47. 老虎过河

假设大老虎为 A、B、C，相应的小老虎为 a、b、c，其中 a 会划船。

1. a、b 过河，a 划船回来，b 留在对岸。

2. a、c 过河，a 划船回来，c 留在对岸。

3. B、C 过河，B、b 再回来，此时 C、c 在对岸。

4. A、a 过河，C、c 再回来。

5. B、C 过河，a 单独回来，此时 A、B、C 在对岸。

6. a、b 过河，a 划船回来，b 留在对岸。

7. a、c 过河，大功告成！

48. 入睡妙招

隔壁的房客鼾声如雷，他只好用这种方式让对方醒过来，他好入睡。

49. 好人好事

解放军。牛角刀就是解，方方正正的写满字的纸即方文组合，摘下帽子朝侄儿推进来的自行车车头上一放即军。

50. 孩子吃饼

90 个孩子同时吃，也是 3 分钟。

51. 公蚊子还是母蚊子

是母蚊子，因为公蚊子是不咬人的。

52. 先点哪一个

火柴。

53. 秘密电文

12 月 24 日 18：00 在卢浮宫盗走《蒙娜丽莎》。

树最美丽的那天是圣诞夜，当时间老人再次把大钟平均分成两半

（再次）是18：00，了解卢浮宫的应该知道其入口处即玻璃金字塔，最美的笑容就是《蒙娜丽莎》。

54. 牢房的犯人

因为杀人犯要拉去偿命。

55. 有毒的苹果

因为切苹果的刀面上，一面有毒，一面没有。

56. 平平捉鸟

往洞里填沙子，随着沙子的增多，小鸟儿自然就来到洞口了。

57. 煮鸡蛋

在水沸腾后，将鸡蛋放进去，两个沙漏同时倒过来，当7分钟的沙子漏光后，再次将它颠倒过来，这时11分钟的沙漏还有4分钟，当这4分钟漏光的时候，7分钟的沙漏底部也是4分钟。此时将7分钟的沙漏倒过来放，这样，当7分钟的沙子漏光的时候，时间正好是15分钟。你想明白了吗？

58. 最大的数字

如果把绳子变成"8"，再旋转90度，就成了一个"无限大"的符号，表示数字无限大。

59. 脑力体操

枪。因为三者的共同之处是都出现了枪。

60. 两米宽的河

五岁的乐乐等到自己十五岁的时候就跳过去了。

61. 四大美女

丽丽在化妆，贞贞在读书，晶晶在梳头发，丫丫在修指甲。

62. 倒咖啡

将咖啡杯倾斜45度，倒出的咖啡正好半杯。

63. 兄弟姐妹

甲、乙、戊、庚为男性；丙、丁、己为女性。

64. 三只桶的称量

先从大桶中倒出5千克油到5千克的桶，然后将其倒入9千克桶里，再从大桶里倒出5千克油到5千克的桶里，然后用5千克桶里的油将9千克的桶灌满。现在，大桶里剩有2千克油，9千克的桶已装满，5千克的桶里有1千克油。再将9千克桶里的油全部倒回大桶里，大桶里有了11千克油。把5千克桶里的1千克油倒进9千克桶里，再从大桶里倒出5千克油，现在大桶有6千克油，而另外6千克油也被换成了1千克和5千克两份。

65. 财主撕字

是说他没良心。

66. 真假之辨

先把80枚硬币分为27枚、27枚、26枚3份。将其中的2份，如27枚、27枚分别放在天平两端，如果有一堆重些，说明假硬币在那份中，（若两端正好平衡，那么假硬币在26枚的那份中），于是将较重的27枚分成每份为9枚的3份。取其中2份分别放在天平的两端，如其中有1份重些，那么假硬币就在较重这份中；如2份平衡，则假硬币就在未称的那份中。将较重的这份硬币再分为每份为3枚的3份，继续照以上操作。这样前后共称4次就一定能找出这枚假硬币来。

67. 玉雕之谜

是个"夺"字。

68. 过桥

南来和北往是同一个方向，他们一前一后过去即可。

69. 飞机在哪里

在空中。

70. 筷子搭桥

试试让3根筷子互相利用，跷起来就可以搭成一座桥把3个碗连起来了。a筷在c筷下，压着b筷；b筷在a筷下，压着c筷；c筷在b筷下，压着a筷。

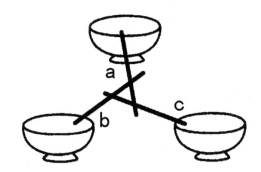

71. 一样的考卷

他们交的都是白卷。

72. 能否看到对方的脸

他们面对面站着就能看到。

73. 猜猜是什么

棺材。

74. 拿钻石

每次开门都把钻石拿上，在下一次开门的时候比较钻石大小就可以拿到最大的。

75. 为啥常去口腔医院

因为他是牙科医生。

76. 平分红酒

倒8次即可解决问题。其中一种解决如下图所示。

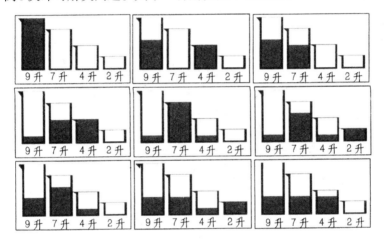

77. 抽烟

因为抽烟的男子是电影中出现的人物。

78. 邮票几枚

每打总是12枚，不会因面值的变化而变化。

79. 家庭关系

汤森和老伴，汤森的儿子和儿媳，汤森的女儿和女婿，汤森的两个孙子（女）和两个外孙子（女）。

80. 哪个小球是次品

在天平两端各放两个小球，次品的那端肯定重，然后在天平两端各拿走一个小球。如果这时天平是平衡的，那么刚才重的那端的小球是次品；如果天平还是不平衡，那么现在重的那端的小球就是次品。

81. 木桶落雨

和雨竖直下的一样长。

82. 牛的尾巴

朝地面。

83. 机智的电话

福特探长在打电话时做了点儿手脚。在通话时，探长一讲到无关紧要的话，就用手掌心捂紧话筒，不让对方听到，而讲到关键的话时，就松开手。

这样，警方就收到了这么一段"间歇式"的情报电话："我是福特……现在……金冠大酒店……和目标……在一起……请您……快……赶来……"

84. 天上掉下番茄汁

因为毕博尔抬起头，将番茄汁吃进了肚子里。

85. 夫妻之间的共同点

就是同年同月同日结婚。

86. 奇怪的家庭

人不可能只有一半，妈妈说一半是女孩，那么，另一半肯定也是女孩。也就是说他们家有5个小女孩。

87. 公交车上的谈话

这是一对聋哑人。

88. 称糖

2 个砝码放左边，右边放糖，平衡后把左边的砝码换成糖，直到天平再次平衡为止。取代砝码的那些糖就与 2 个砝码一样重，都为 1000 克。

89. 得分趣事

因为这是一道对错判断题。

90. 谁的照片

她自己。

91. 富翁的财产

马克是根据那张照片找到富翁的弟弟的。因为照片摄于 60 年前，两个男孩又都是 12 岁，所以两人是对孪生兄弟。

第二章　探案游戏

92. 花瓣里的珍珠

嫌犯是昨天中午在现场徘徊的汉斯。把珍珠掉在郁金香花瓣里就是证据。

因为开花不久的郁金香，一到晚上天黑后花瓣就会合上。所以，被盗的珍珠能掉在花瓣里，这就说明作案时间是白天。

但是要注意，将要凋谢的花，即使到了晚上花瓣也合不上。

93. 完好的邮票

邮票藏在明信片上，那张旧邮票被贴在2010年邮票的下面。

94. 走私的秘密

思迪走私的是宝马车。

95. 被害的独居者

如果真的是在书房被杀的话，那么磁带中就应该录上3分钟后时钟的报时声。之所以录音中没有敲钟的声音，是因为被害人是在别处录音时被杀的。

96. 密码箱不见了

露丝伙同他人抢走了安娜的宝石。因为，露丝声称自己是在送可乐时被击中了头部，果真如此的话，那杯可乐就不可能完好地放在柜子上了。

97. 荒岛残生

贝蒂是因为知道在岛上吃的并非是云雀肉而是哥哥狄德的肉，很难接受这个事实，故此自杀的。其实她在岛上很少听见有云雀叫声，早已怀疑所吃的是否是云雀肉，回到城市后便去尝试真正的云雀肉。一吃之下，果然和岛上的完全不同。

98. 妻子的演技

阿尔娃从电话里得知米尔的消息后，再也没有和她通过电话，但她却知道他用新买的蓝色皮箱装钱给了马克，显然她是从马克之处获悉的。结论非常清楚：米尔与马克合谋敲诈阿尔娃。

99. "墨镜"的指证

凶手正是坦普尔。

因为死者特纳的眼镜是变色眼镜，如果下午在睡觉，灯光一定是关着的，他的变色眼镜不会显示成墨镜。晚上一般会开着灯，这种情况下变色眼镜才会显示成墨镜色。只有坦普尔晚上去过死者的家，才会看到眼镜是墨色的状态，才会误认为是墨镜，其实只是变色眼镜。因此坦普尔在撒谎。

100. 葛教授之死

"牌"的谐音是"π"，"K"倒过来看也像是"π"，$\pi \approx$ 3.1415926……一般可以认为是3.14，因此，探长推测出来凶手住在314。

101. 算命先生之死

嫌犯是伊藤博一。

嫌疑犯中知道算命先生长相的是其情妇川美子及哥哥端康，也就是说，对于这两个人，算命先生没有必要蒙着脸，实际上他是在蒙着面与来人喝咖啡时被毒死的。这就是说，算命先生接待的是不好让对方看到自己脸的人。如此说来，凶手只能认为是来求卜的伊藤博一。伊藤博一由于无力偿还贷款，所以盯上了正走红的算命先生，认定他会存有可观的积蓄。

102. 一场阴谋

投毒的凶手是弗特。他的作案工具是那支吸了毒液的老式钢笔。

103. 谁是小偷

唯有甲的话句句是假，所以甲是小偷。

104. 三个少年的"假设"

是盖尔干的。他暴露出喇叭是藏在盒子里偷走的，而且还知道店里有三个钱箱被撬。此外，他在短文里几乎所有的行动都跟实际发生的事实相反。

105. 羊圈里的手枪

菲仪在小型手枪上连接了一条长纸条。纸条的另一端喂给羊吃，然后自杀身亡。羊喜欢吃纸，纸条被一点点吃掉，手枪也随之被拉进羊圈。（为了让羊把纸条吃光，菲仪一天没喂羊）

106. 法医的判断

法医判断得对，应该是他杀。既然贴着肉开枪，持枪的手不可能在被子中。

107. 挂国旗的水手

由于日本国旗图案是太阳，正反颠倒挂都不影响，可以肯定该水手是在撒谎。

108. 贝利的新娘

按照荷兰的风俗，信奉天主教的新娘的钻戒应该戴在左手上。

109. 背后中箭

西川事先把钱扔在地上，等麻衣回来发现硬币弯腰拾钱时，他从二楼窗口朝下射箭。他是杀死麻衣的凶手。

110. 判错了

胡妻被杀是在四月，夜里下雨，天气一定还微寒，不需要扇子，哪有在杀人的时候还带着这个东西呢？明显是为了嫁祸于人。

111. 雪夜贼影

长长的冰溜子就是证据。警察看到房檐下的雪都化成了冰溜子，马上就识破对方的谎言。昨天刚下的雪，一早晨就成了冰溜子，这是因为昨晚家中生炉子暖和所致。也就是说，这个单身汉昨晚一直在家，说是去旅行，纯粹是谎话。

112. 肇事车的车牌号码

希伯来想，见证人提供的虽然是空号，但肇事汽车必定与此车号有联系。经过分析，他断定是 10AU81 号车肇的事。理由是见证人从自己汽车的后视镜中看到并记下的车号恰好是相反的，左右位置颠倒了。

113. 酒窖迷案

由于酒窖四周无窗，贝格若真的失去知觉，醒来后就无法知道外面是白天还是黑夜，就算有老式手表，他也无法知道到底当时是近中午 12 点还是夜里 12 点。

而按照阿拉贝拉平时的习惯，总是在中午 12 点左右到家的，这样贝格听到阿拉贝拉回来时就会以为是中午，而不会催阿拉贝拉到车站去追要赶午夜列车的盗匪了。

114. 手印

贝内特看到，五个手指的指纹全部是正面紧贴墙壁印上去的，手掌的纹路也很清晰，这才产生了怀疑。因为当手掌贴在墙上时，拇指和其他四个手指不同，是侧面贴着墙的，所以正常情况下，拇指的指纹不会全在墙上印出来。

115. 住宅楼里的惊叫

凶手正是死者的儿子。柯小南发现死者果盘里的枇杷上的绒毛被去除掉了，只有妈妈才会这么仔细地把绒毛去掉。而不管是卖的还是现摘的枇杷，都不会把绒毛去除再卖。

申星因为财产的问题，当晚去妈妈家要求尽快把财产转到他的名下，结果发生了争吵，一气之下便杀了妈妈。临走时，取走了妈妈洗好的去除了绒毛的枇杷，装成是刚从小贩处购买的。

116. 文公吃肉

厨子只要说明以下情况，即可证明自己是冤枉的：

第一，如果肉上缠着头发，利刀切下去，头发就会被切断；现在切过的肉上面仍缠有头发（未被切断），所以切前肉上缠着头发的假设不成立。

第二，进一步讲，即使切后肉上缠有头发，在高温烧烤下，头发也会被烤焦的；现在发现烤热的肉上仍缠有头发，说明头发不是在烧烤前缠上去的。

117. 银钗杀人案

银钗发黑便是证据。也原的手因涂硫黄剂进行治疗，再用涂药的手握银钗，就会使其柄发黑。这是银接触硫黄后发生的化学反应。

118. 离奇火灾

是纵火，分析如下：

A.少妇是撒谎的纵火犯，因为铁锅内油着火后，浇一桶水与浇一桶油的情况恰恰相反。油比水轻，若浇水，反令火势更大，而浇一桶油，则火会因缺氧而熄灭，绝不会使火势更大。因此，少妇所述与实际情况不符。

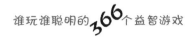
B.少妇是纵火犯。窗外有铁栅，而门外无铁栅，其公婆和丈夫可从门口逃生，但没有逃出去，可见门被锁了。火灾后，门被烧毁，证据也被烧毁。少妇所述隐瞒了真相。

119. 聪明的女盗

车体本身就是用黄金制作的，因涂上了涂料，所以刑警们全然没有注意到车身会是用黄金制成的。

由于纯黄金很软，又具有黏性，所以能随意加工成各种形状。加工薄片可以加工到0.0001毫米薄的金箔，1克黄金就可以拉出3000米长的细丝线。

利用这种特性，还可将金块加工成壁纸一样厚度，装饰到墙壁上，以便隐藏。

120. 是谁杀了研究生

"过后终于在河底找到这个望远镜，这是一个长度仅40厘米的望远镜。他弟弟送来的那个小包裹，一定就是这个望远镜！但这个望远镜怎会和杀人案扯上关系呢？"

史密斯教授把望远镜仔细地看了看，过了一阵说：

"我的推测一点儿也没错，这个望远镜是可以随时拆开的，他弟弟把细毒针装在这个望远镜的镜筒内，当江阳把望远镜放在眼睛上时，会转动镜筒中央的螺丝来调整镜头焦点，藏在镜筒内的细毒针受到弹簧的反弹力便跳了出来，正巧刺进了右眼。江阳惊慌失措，把手中的望远镜扔了出去，望远镜就是这样掉进塔楼下的河里，虽然他及时用手拔掉了刺在眼中的细毒针，可是这样更加快了他的死亡。"

121. 一起失踪案

贝蒂的丈夫布莱克其实是个结婚骗术师，也就是该观光客轮的一等水手。为了骗取贝蒂的2万美元，他使用假名隐瞒船员身份，同她闪电般结婚。

在码头上，他同贝蒂一起上舷梯时，穿的是便服，以便不暴露身份。二等水手以为上岸的一等水手回来了，怎么也不会想到他是贝蒂的新郎。所以在贝蒂向他们询问时，说了那样一番话。

如果是船上的一等水手，在船舱的门上贴假号码、更换房间也是可能的。第二天早晨，打电话把贝蒂叫到甲板上并企图杀害她的也是他。

122. 凶器是什么

凶器就是挂在墙上大钟内的长针。因为长针是用铜片制造的，由于前端锋利，可以刺穿喉咙。凶手杀人后，将针上的血迹拭去，又把它放回了原处。

123. 鬃发男之死

拘留第一个说话的人。

他知道鬃发男子是锁房门，而不是开房门，说明他一直在窥视其行动。

124. 树顶取货

6点太阳下山的时候，云杉树的影子的尽头的地方，就是货物的埋藏地。

125. 露馅的狗

威尔逊见狗抬腿小便，就知道那男人在撒谎。因为这是只雄性狗，而那男人却唤其为"玛丽"——一个十足女性化的名字，至于狗对那男人为何友善，那是因为他曾拿肉引诱过它。

126. 起火的香菇棚

香菇棚的棚顶有坑洼处。因昨晚下雨洼中积水，而积水正好形成凸透镜状，阳光折射聚焦，其焦点的热量使香菇棚里的干草自燃起火。

127. 一笔医疗费

从逻辑角度看，渔夫利用了具有相对特点的概念，钻了空子。协议中"治死"了人，在医生看来，它的相关概念就是"没治好"人，他认为这两者是可以随意比照和援例的。其实不然，这两者的相对关系是有其制约性的。医生不能承认是他"治死"的就说明了这一点。

128. 真假钻石

浅野一郎拿起真钻石假装端详的样子，趁店员不注意，迅速用口香糖将它粘到桌子背面，然后取出假钻石故意掉在地上，好让店员去捡……

129. 风琴家之死

探长知道，蒂娜并不像弗雷所说的那样想参加管弦乐团的演出。她是风琴家，不可能穿着短裙演出。

130. 行凶时间

凶手行凶的时间是4点24分。

照片上时钟的长针与短针差了两刻度，而两刻度的差距是4点24分与7点36分（如果你不相信的话，可以看看你的手表），但是这里只有4点24分最正确。因为杨梅是在当天下午发现火灾的，所以行凶的时间一定是4点24分。

131. 雨伞是干的

其他人进来时雨伞是湿的，而窃贼的雨伞是干的，证明他待在这里一夜没出去。

132. 真伪证词

因为第四个人说了实话，所以第三个人的证词是伪证，也就是说"前两个证词中至少有一个是真的"是句假话。由此可以断定，第一个和第二个证人都说了假话，从而判断出甲和乙都是凶手。

133. 花坛里的花匠

有经验的花匠都知道，夏天的中午不能给植物浇水，因为那时气温很高，植物要通过蒸发水来散热，而这时给植物浇水，根部遇冷，影响对水分的吸收，会造成植物死亡。所以，这个时候浇花的花匠是很值得怀疑的。

134. 怪盗的指纹

猴子也有指纹，怪盗就是管理员饲养的猴子。除了人，有指纹的动物还有猴子和袋熊等。

135. 蜘蛛网之谜

窗口上的蜘蛛是作案后放上去的。

基多拆下仓库天窗的两根铁栅栏后，从那里潜入，盗走箱子，然后在窗口上放了几只蜘蛛，三只蜘蛛足够在第二天清晨的时候织上网，因此即使没有铁栅栏，仓库仍像处于密封状态。

136. 多出来的人

被绑架的是一个即将临产的女董事长，就在当天夜里她生下了一个男孩。

137. 英国人的遗书

英国人习惯按日、月、年的顺序写，而美国人习惯按月、日、年的顺序写。

例如：英式为 1st October，1999，美式为 October 1，1999。

138. 100美金

是考纳。因为郎罗收款时，考纳给他1张100美金的钞票，没有其他钞票对比，所以郎罗没有识别出来。若是其他两位旅客付2张或3张100美金，真假混在一起，郎罗就很容易发现。

139. 停电之后

停电和门铃没关系。别墅的门铃是电池式的，与停电毫无关系，只要电池没用完，门铃应该响。因是亲戚家的别墅，所以这个嫌疑犯没有注意到门铃是用电池的。

140. 谁是盗窃犯

博特是无辜的，不然他的四句话中就会有三句是谎言。所以他说2月7日和伊恩一起在坡州市度过的是谎言。

伊恩说与博特在坡州市是谎言（因与博特的谎言一样）。所以其余三句是真的，他是无罪的。

皮埃尔说博特帮助约瑟盗窃是谎言，因为博特已说过对犯罪过程一无所知。所以他说约瑟是嫌犯，自己是无罪都是真的。

而约瑟则只有说自己是清白无辜的这一句是谎言，其余都是真的。因此，他就是盗窃犯。

141. 碰运气的侵入者

因为美斯点燃了壁炉里的干柴，烟囱必然冒烟，屋里没人，而烟囱冒烟，一定会引起巡逻警察的注意。

142. 病人被杀案件

凶手行凶时会因紧张而手掌出汗，而糖尿病病人比正常人容易出汗，汗液中还含有糖分。凶手用布包刀柄，行凶时手掌出汗，汗液通过布附在刀柄上。他把刀丢弃后，刀柄招来了蚂蚁，因为蚂蚁是对糖最敏感的动物。所以6号病房的糖尿病病人是凶手。

143. 盲人开枪

原来，平常盲人进房时听惯了座钟的嘀嗒声，现在听不到了，说明小偷恰巧挡住了座钟，所以他向座钟方向开了枪。

144. 悬赏启事

恒瑞是偷表人，启事中没有地址，只有信箱的号码。如果事先恒瑞只看启事的话，他是不可能知道当事人住址的。

145. 因为遗产

凶手是被害人的侄子青木贵子。要隐瞒罪行，只要将尸体抛入大海就不会留下任何证据，但这样做在法律上一般视为失踪（失踪的时效为7年）。那么遗嘱在时效内不具有法律效力，也就是在宣布失踪人死亡之前青木贵子不能继承遗产。

146. 涂指甲油的女子

诈骗犯卡列斯的手指，指纹部分也涂上了指甲油，所以没有留下指纹。

147. 话中真意

她根本没有哥哥，警官是知道这一点的，而且玛丽的说话声音显得有些异样，所以警官推断屋子里一定有问题。

148. 被劫持的小薇

朝北的那幅夏天的夜风易进入朝北的房屋。到了晚上，陆地的热气比海面的热气更易冷却，所以冷却的空气会由山上往海面直吹，于是微风就会从朝北的小窗吹进阁楼内。相反，到了白天，陆地的热气较易上升，海风会朝陆地直吹。

149. "看不见"的凶器

凶器就是那条大青鱼。青鱼从冰箱里拿出来的话，就会被冰冻得非常硬，足可用来做凶器。

150. 马棚里的尸体

嫌犯是金发女郎。她自称血迹是"刚才在他身上蹭到的"，实际上那时非苏已死了8个小时。他的血已结成冰，不可能蹭到她袖子上去。

151. 博士破案

死者骨骼上的黑斑通常是硫化铅的痕迹，证明死者生前曾接触过大量含铅尘毒。侵入体内的铅有90%—95%会形成难溶的磷酸铅沉积于骨骼中。由于无名尸体沉泡在塘底，塘泥与尸体腐败后产生的硫化氢气体与骨骼中的沉积铅发生化学反应，生成硫化铅，从而形成黑色骨斑。坦托博士就是据此断定死者应是重金属冶炼厂的操作工人或附近的居民。

152. 金发迷案

凶手利用了头发的特性。头发遇热会伸长，遇冷又会缩短。特别是金发，遇热每米伸长2.5厘米。凶手在杀了女郎以后，从她头上拔下几根金发连结起来，一头结在门闩的尖端，调整好它的长度，使门闩向上斜吊着；头发的另一头挂在门上面的图钉上，再连接住门下面的图钉。做完这些，凶手打开淋浴的热水龙头，让水放出来，然后出门，把门关上。这时门闩还斜吊着，没落入门钩。但不用多长时间，由于热水的蒸气作用，浴室内的温度上升，头发伸长，门闩就会落入门钩，造成反锁假象，不会让人马上发觉女郎的被杀，凶手便可从容地逃走。

153. 野餐过后

其实线索在原文就已给出了，堂姐先进屋查看，她是帮凶，是她反锁的门。所以凶手是堂姐和她的未婚夫。当富家女和外科医生进入别墅后，医生便杀了她，在浴室里肢解了尸体，用防水布包着，放进大篮子里。因为被害者很娇小，重量轻，不易被发觉。

154. 破裂的防盗玻璃

嫌犯是制造玻璃的人。这种钢化玻璃尽管很硬，但是只要上面有一个小小的裂缝，再照着那里用劲，就会像瓷碗一样碎掉。知道这种常识的人应该不多，而且这明显是有预谋的。普通人不知道，知道也不会去砸这种玻璃，而知道这种常识又能制造这种漏洞的就只有玻璃的制造人了。

155. 自行车的行踪

偷车的男孩趁莱金进厕所之际，在自行车前轮下面缚上了一只溜冰鞋。这样，即使前轮锁着，自行车仍然能骑，所以他把它骑到很远的地方，但又怕骑回来会被抓住，于是便解下前轮上的溜冰鞋，扔掉自行车溜走了。

156. 被敲死的琳达

假如马丁是无辜的，他就不可能知道他妻子是被敲死的。他看到了凶器——手枪，本应认为其妻是被枪杀的。

157. 法官的审判

不管金泽是盗窃犯或不是盗窃犯，他都会说自己"不是盗窃犯"。

如果金泽是盗窃犯，那么金泽是说假话的，这样他必然说自己"不是盗窃犯"。

如果金泽不是盗窃犯，那么金泽是说真话的，这样他也必然说自己"不是盗窃犯"。

在这种情况下，安西如实地转述了金泽的话，所以安西是说真话的，因而他不是盗窃犯。仓基有意地错译了金泽的话，所以仓基是说假话的，因而仓基是盗窃犯。

至于金泽是不是盗窃犯是不能确定的。

158. 百合之谜

窗台上的花都枯萎凋谢了，那应该能在窗台或地板上找到落下的花瓣，不可能只有一点儿灰尘，所以福小莫判断花瓣是凶手清理现场时一起扫走了。

159. 海底深处的血案

石田是说谎者，也是枪杀拉米的凶手。因为研究所在水下40米的地方，大约有5个大气压，要想从这样的深度游向地面，必须在中途休息好几次，使身体逐渐适应压力的改变。15分钟是游不回地面的。

160. 谍报人员的失误

调查被烧毁的汽车后知道，由于翻落时的冲撞而停止的油料表的指针正指向接近零处，也就是说，该汽车在翻落前，油箱中几乎没油了。所以，即使翻落山谷，引燃汽油着火，也不至于到将尸体和车体烧成灰烬的地步，布鲁默·K浇上汽油点燃是个败笔。

161. "母女"情深

"到今天才一个月零三天，唉!"俏丽少妇又是一叹，又不停地给孩子揩泪。刚满月的孩子是不会流泪的。

162. 神秘算式

101×5=505，505看上去就像是SOS，即求救。

163. 南瓜饼

柯小南认为伦莎没有吃放了药的南瓜饼，所以在盗窃时她是清醒的。如果她吃过南瓜饼，她的牙齿在15分钟后不会那么洁白光亮。

164. 县令审案

聪明的执事官将纸条扭了个弯，用手指将两端捏在一起，然后向大家宣布：根据大人的命令放掉农民，关押小偷。县官听了大怒，责问执事官。执事官便将纸条捏在手上给县官看，从"应当"二字读起，确实没错。仔细观看字迹，也没有涂改，县官不知其中奥秘，只好自认倒霉。其实扭弯的纸条是一个"麦比乌斯圈"，它是一种单侧、不可定向的曲面。

165. 钻石失窃案

钻石是爱德华太太的女友露丝偷的。

要知道是谁作的案，就必须推断出谁有时间、有条件作案，我们不妨这样来推算：

设水流速度为u，船在静水中的速度为v，那么船顺流时速度为v+u；逆流时的速度为v-u；再设投下骨灰盒的时间为t。

因为小木盒漂流的路程加上船逆流赶上小木盒所走的路程，等于船

在10点30分到11点45分这段时间内顺流所走的路程，

即：（v-u）（10：30-t）+（11：45-t）u=（u+v）（11：45-10：30）解此方程得t=9：15

因此，投下骨灰盒的时间是9点15分，而此时迪卡正与爱德华太太争吵，她不可能作案，因此作案的是露丝。

166. 演员的手段

井上晴美说凯洛格昨天夜里在自己的别墅里过夜，纯属谎言。他在下雪之前就一直在自己的别墅里了。

星期六早晨，雪停之后，井上晴美滑雪来到凯洛格的别墅。但当时是使用了单块滑雪板的，并且，在自己别墅门前的那棵松树上拴了一条绳子，一边放开绳子一边滑下来的。当到了凯洛格的别墅后，为了不让绳子碰到雪面，把绳子拴到了后门的柱子上。

作案后返回时，又拉着那条绳子，边往身上缠绕，边用单块滑雪板缓慢地爬上斜坡返回自己的别墅。

这样，雪地的斜坡上就只留下了两条滑雪板的痕迹，伪装得好像真是凯洛格自己从井上晴美别墅滑雪回去的痕迹。凯洛格别墅后门戳着的两块滑雪板，是井上晴美听了要下大雪的天气预报后，前一天事先拿到那儿的。

滑雪板痕迹之所以很不规则、不自然，是拉着绳子用一块滑雪板往返造成的。还因拉着拴在树上的绳子往返，松树被拉得摇摇晃晃，所以枝叶上的积雪落到了地上。

167. 当天空出现彩虹

歹徒是第二个人，因为彩虹的位置永远和太阳相反，所以看彩虹时绝对不会觉得阳光刺眼，他在彩虹出来时抢劫了珠宝店，走出来后发现天边有彩虹，就编出了这个不合情理的谎言。

168. 庄园里的老妪

吉尔吉怀疑送奶工是凶手，打匿名电话的是送奶工，他以为警察接电话后很快就会开始调查，因此他不必再送奶了，因为现场有两份报纸，却连一瓶牛奶也没有。

169. 高明的作案

嫌犯是在头天晚上用纸做了一个帽子套在花蕾上，这样清晨3点钟花就不会开了。作案后，嫌犯跑回家取下花蕾上的纸帽，于是开花时间就推迟了。当花蕾开始开放时，他使用一次性照相机拍下开花过程的系列照片。

170. 为什么是诬陷

青铜是一种抗摩擦的金属材料，古时候被广泛用于制造大炮，青铜和路面撞击不会擦出火花。

171. 画家神秘死亡

凶手是梅晓。

在唐逸的房间里早已装了窃听器，案发当日柯小南忘了打开，但那纯属偶然，所以凶手绝不可能是金森，因为他知道柯小南会在隔壁窃听，不会笨到自己杀人。所以只有阜平和梅晓的嫌疑最大，因为他们不知道有柯小南这号人物存在。但是由掉在尸体边的打火机来看，一定是有人故意嫁祸于金森。阜平并不认识金森，所以他也没有机会盗取他的打火机，只有梅晓才有可能。因为她憎恨唐逸用情不专，更厌烦了年老的丈夫，所以希望他们两人都从此消失，因此真正的凶手是梅晓。

172. 谁毒杀了敲诈者

案发现场的房间装有空调设备，冷风机在工作，而窗户也开着，这说明犯罪是在停电中进行的。由于停电，冷风机停止工作，室内很热，被害者自己打开窗户。如果恢复供电时，被害者还活着，冷风机又开始工作，他就会关上窗户。停电中到过现场的，只有春野和波兰，那么，被害者是被谁的氰酸钾毒死的呢？氰酸钾不密封保存，长时间与空气接触，便会变成碳酸钾，失去毒性。波兰的氰酸钾用纸包了两年，已经失去毒性。因此，凶手是春野。

173. 秘密地道

钢琴上的键盘就是秘密地道的开关。

申明发现室内竟然放着一架钢琴，不觉心中狐疑。他静下心来仔细想了一会儿，于是就解开了秘密地道的开关之谜。原来垂死的警察所说的"米勒"，并不是指米勒的画，而是钢琴上的"3、6"两个键。按下钢琴上的"3、6"两个键后，秘密地道的门自然就被打开了。

174. 溺水之死

凶手给被害人服用了麻醉剂，并在船上做了手脚使船缓慢进水，这样在1个多小时后被害人药效尚未完全解除时船沉入水，致使被害人在半清醒的状态下溺死。

这种手法实施起来有一定的难度。

首先凶手要计算好麻醉药的药效时间和让船进水导致下沉所用的时间，若被害人提前醒来则会游泳脱险。

若药效时间过长，船沉时被害人仍处于沉睡状态，这样溺死就不像正常溺死的样子；只有在被害人已经入水还未死亡便清醒过来但已无力挽救自己的情况下，才能将他杀伪装成为意外。

175. 车痕

根据轮胎的痕迹判断凶手的去向。

凶手是沿着右侧的岔路逃走的。因为前轮和后轮所留下的轮胎深浅痕迹大致相同。

通常骑自行车时，骑者的重量都是加在后轮上面的，因此在平路或是下坡时，前轮的痕迹较浅，后轮的痕迹较深。可是上坡时，因为骑者的力量向前倾，而重心是置于自行车的踏板与把手之间，所以前轮与后轮的痕迹深度就会大致相同。

176. 谁杀了画家

凶手利用橡胶绳子的反弹力放出短剑杀人。

沈峰在乘电梯上四楼时，看穿了李文勇的计谋。在短剑的柄上，连接了一条橡胶绳子，然后拉到电梯的换气孔；而橡胶绳子系在电梯顶端的操纵孔上。当四楼的李文沙乘坐电梯下楼时，橡胶绳子就会随着电梯的下降而伸长，当它的长度无法与电梯的长度成正比时就会断掉，反弹力使得短剑像弓箭坠下，刺到坐在轮椅上的李文沙。

在专用的狭窄电梯内，坐轮椅的画家经常都是坐在同样的位置上，所以短剑下坠的方向，凶手可以事先预测出来。而李文沙坐电梯时很少往上看，所以根本没有注意到换气孔处的短剑。

177. 凶手是如何作案的

利用电话来做杀人放火的工具。督察做了如下的推理：煤气爆炸时，住在旅社的侄儿一定在打电话，这点只要问一下旅社的总机小姐，事情的真相即可大白。

先让被害者服用安眠药，待她熟睡之后，再在被害者的电话上做些手脚，让电话线短路，然后打开煤气的总开关，迅速逃离现场。回到旅社，过了一阵子，当房间充满煤气，熟睡的老妇人也差不多死时，凶手从旅社打来电话，这时电话机就会有电流通过，让电线短路爆出火花，火花就会点燃室内的煤气起火爆炸。

电话用电和电力公司用电不同，所以即使电力公司停电，电话还是照常通电。

178. 冬夜命案

法官问律师："你何以能证明他撒谎？"

律师回答说："因为是不可见的事物，他却硬说看见了，这不是撒谎是什么？"

"你这话什么意思？"

"法官大人，因为那天晚上大雪纷飞，现场瓦斯炉烧得火红，在这种情况下，室内当然是很暖和啊！所以，室内有热气，玻璃就会蒙上一层湿气，变得朦胧不明。透过朦胧的玻璃，纵然窗帘全部打开，也无法看见室内人的脸；就算看见室内有人，那也只能看见一个轮廓而已，怎么能看出他是金发，而且蓄有胡须呢？由此可见，是这个年轻人行凶后，拉开窗帘，然后匆匆离去。"

律师的这番话道破了凶手的伪证。

179. 案发何时

从蜡烛的熔化情况来判定船长被害时间。

由蜡烛的上端熔化部分呈水平状态来看，船在触礁而倾斜时，蜡烛还在燃烧着。海水的涨潮和退潮，其间总是隔着6个小时，轮流变化着。这艘船被发现的时候是上午9点左右，此时恰好是刚退潮。由此可知，此次退潮至上一次的退潮，其间只涨过一次潮，以此可推论船是在昨晚9点左右触礁倾斜，凶手也是在那一刻下手的。

倘若凶手是在涨潮之时进入船室吹熄蜡烛作案的话，那么蜡烛上端熔化部分一定会和船体倾斜的状态呈同样的角度才对。

180. 男歌星的死亡

洗洁剂中含有一种无色无味的四氯化碳。约瑟用这种洗洁剂擦拭领带上的污迹时，吸入了足量的四氯化碳有毒气体，尤其是饮酒过度时，一旦吸入，就会导致死亡，所以往往被误认为是酒精中毒死亡。加西亚为了让约瑟吸入这种气体，故意在他领带上溅了调味汁。

181. 谁杀了护士

凶手是小眉的男友。门上的猫眼表明，主人可以通过猫眼来分辨来访者。如果是学生的哥哥，那么小眉会换上整齐的衣服来见客；但是如果来访者是男友，小眉则不在意，会穿着睡衣开门。

182. 蒙蔽警方的凶手

凶手上午把约翰逊绑在树上，用生牛皮在他脖子上绕了三圈，但没有紧到令人窒息的程度，然后凶手就离开了现场。生牛皮在烈日的照射下渐渐干燥，慢慢紧缩，终于约翰逊在下午4点左右死去。

183. 化学家的助手

　　艾肯为了逃避罪责，利用冷冻方面的知识，在一个厚厚的玻璃瓶中放满了水，密封后放在化学实验的玻璃大口瓶中，再在密封的玻璃瓶四周放满了干冰和酒精。大口瓶上盖上盖子，盖子上又压了一块大的石头，并且用钢琴丝牢牢地将石头扎紧在瓶盖上。在轮到汉森值班时，艾肯偷偷地把玻璃瓶放在值班室内的书架上。干冰和酒精掺和在一起，温度能降到零下80摄氏度，密封着的瓶中的水也结成冰，其体积膨胀起来，就会发生爆炸，连同实验室用的大玻璃瓶的碎片，能像炸弹片一样飞出来伤人。汉森已经睡熟，警卫又被拉走，他的目的就达到了。

184. 欢快的游鱼

　　看到水槽里的热带鱼欢快游动，警察便识破了这个女人的谎言。因为在下大雪的夜里，如果真停了一夜的电，那么水槽里的自控温度调节器自然也会断电，到清晨时，水槽里的水就会变凉，热带鱼也就会冻死了。

第三章　数学游戏

185. 妈妈的桌布

1.5×2+1.2=4.2米。

186. 神奇的"7"

首先考虑在等号右面添个数字"7"，可以添成27000或20700，都可以成为4与3的倍数，关键还有一个"7"，它只能添在125中。通过尝试，即可知答案为1725×4×3=20700。

187. 想一想

运用四舍五入法，走了10家商店打了0.5千克醋（50克2分钱），余下4分钱刚好买火柴。

188. 赚了还是赔了

加尔文赔了4元钱。他在第一个雕像交易中赚了18元：198÷（1+10%）=180，198-180=18。然而，在第二个雕像交易中他却赔了22元：198÷（1-10%）=220，220-198=22。这样，赔的22元减去赚的18元就是损失的钱。

189. 有多少人考试

题中告诉我们，三年级二班有40多人参加数学考试，又说平均7个人中有1个人得中，那么参加考试的人数可能是42或49。

40—50这些数中，除去42和49，其他的数除以7都有余数。题中又说平均2个人中有1个人得优，平均3个人中有1个人得良。而49÷2、49÷3都有余数，显然这个班参加数学考试的不是49人。又42÷2=21（人），42÷3=14（人），42÷7=6（人）。就是说，全班42人参加数学考试，得优的21人，得良的14人，得中的6人。验证一下：21加上14，再加上6等于41，还有1个人不及格，合起来正好是42人。

190. 50个数相乘

要解决1×2×3×⋯⋯×48×49×50积末尾有多少个零的问题，需求出1×2×3×⋯⋯×48×49×50共含有多少10的因子，由于10=2×5，故只需统计出该数中有多少个因子2和因子5，因子2比因子5多，因此仅需统计有多少因子为5即可。1到50能被5整除的有50÷5=10（每个数含1个因子5）。1到50能被25整除的有50÷25=2（每个数含2个因子5）。故1×2×3×⋯⋯×48×49×50含有因子5的个数为10+2=12。因而该数列积的末尾有12个零。

191. 百鸟

可以把诗中关于鸟儿只数的数字写成一行：11345678

通过观察，发现可以用这些数组成一个算式，计算结果恰好等于100：1+1+3×4+5×6+7×8=100。

原来，诗中的第二句不能读成"三、四、五、六、七、八只"，而应该读成"三四、五六、七八只"。其中的"三四"、"五六"、"七八"，都是两数相乘，得数分别是12、30和56。连同上句的"一只又一只"，全部加起来，隐含着总数是"百"。

192. 大圆与小圆

在内部时小圆转一周，在外部转两周。沿大圆内部转动相当于沿同直径的小圆外部转动一周。因为两圆相同，你一周我肯定也一周。

193. 猜数字

由于每一列都是四个不同的数字相加，所以一列数字加起来得到的和最大为9+8+7+6，即30。由于I不能等于0，所以右列向左列的进位不能大于2。由于向左列的进位不能大于2，所以I（作为和的首位数）不能等于3。于是I必定等于1或2。

如果I等于1，则右列数字之和必定是11或21，而左列数字之和相应为10或9。于是，

（B+D+F+H）+（A+C+E+G）+I=10+10+1=22，或者（B+D+F+H）+（A+C+E+G）+I=21+9+1=31。

但是，从0到9到这十个数字之和是45，而这十个数字之和与上述两个式子中九个数字之和的差都大于9。这种情况是不可能的。因此I必定等于2。

既然I等于2，那么右列数字之和必定是12或22，而左列数字之和相应为21或20。于是，（B+D+F+H）+（A+C+E+G）+I=12+21+2=35，或者（B+D+F+H）+（A+C+E+G）+I=22+20+2=45。

这里第一种选择不成立，因为那十个数字之和与式子中九个数字之和的差大于9。因此缺失的数字必定是1。

194. 电话号码

设旧号码是用ABCD，那么新号码是DCBA，已知新号码是旧号码的4倍，所以A必须是个不大于2的偶数，即A等于2；4×D的个数若要为2，D只能是3或8；只要满足：4×（1000×A+100×B+10×C+D）=1000×D+100×C+10×B+A即可。

经计算可得D：8，C：7，B：1，所以新号码是8712，正好是旧号码2178的4倍。

195. 数学家的年龄

84岁。假设数学家的年龄为x岁，根据碑文很容易列出方程：x=x/7+x/4+5+x/2+4，即可解得x=84。

196. 卖小鸡

如果按照正常计算，艾米和贝茜分别会卖得15元和10元，一共是25元。当贝茜带60只小鸡去集市，每5只小鸡中，2只是自己的，3只是艾米的，这样直到把艾米的小鸡卖完；接下来，她开始卖自己剩下的10只

小鸡。按理说，她自己的5只小鸡应该价值2.5元，但是，在最后两笔交易中她每次都损失了5角。所以，最终少了1元。

197. 合适的数字

由于（12）-9=3，所以被减数的个位数字为2；再看十位，由于9-（0）=9，所以减数的十位数字为0；再看百位，由于9-0=（9），所以差的百位数字为9；最后看千位，由于（7）-5-1=1，所以被减数的千位数字为7，即：

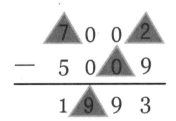

198. 星期几

是星期三。首先你要弄清楚"今天"是星期几，才能判断后天的日期。

199. 买布

不能答应。假设两匹布就只值20元钱，一匹布就值10元。如果是半价，一匹布也就值5元钱。5元钱是不能抵销两匹布半价的10元钱的。

200. 飞鸟

设北京到广州的铁路长为A公里。则两辆火车到相遇用了A/（15+20）小时，也就是小鸟飞行的时间。所以小鸟飞行的距离就是速度×时间=30×A/35=6/7A，即$\frac{6}{7}$的北京到广州的铁路长。

201. 出现过多少次5

16次。1：05-1：49共5次，1：50-1：59有11次，所以有16次。

提醒你一下，1：55有2个5！

202. 平行四边形

22。9枚钉子横竖各三条排列，相邻两排分别构成平行四边形的有4个点，再将其乘以6即可。

203. 路标

110公里，16061。

204. 一道算式的争论

是9×9=81，不同的方向就会看出不同的答案，另一个老师看的是18=6×6。

205. 她多大

是18岁。

首先3次方4位数这个数要大于等于18；

4次方6位数这个数要小于等于21；

20的3、4次方末位都是0，排除；

21的3、4次方末尾都是1，排除；

剩下18、19逐个演算得出18符合要求。

206. 酒鬼有几个

6个。

207. 圆圈与数字

$$9-5=4$$
$$\times$$
$$6\div3=2$$
$$\parallel$$
$$1+7=8$$

208. 完成谜语

6。无论是横向计算还是纵向。

209. 与众不同的数字

是8612，其他几组数中的数字都是按照降序排列的。

210. 竖形数列

48。这六个数字都可以用于飞镖记分。60（20的3倍），57（19的3倍），54（18的3倍），51（17的3倍），50（靶心）及48（16的3倍）。

211. 烧香

首先A香两头一起点，B香点一头。当A香烧完时，B香刚好剩一半。把这一半同时点燃两头，它烧完的时间就是15分钟。

212. 求和

每位上三个数字之和至少为2×3=6，至多为6×3=18，所以个位的和只能为14，十位的和只能为15，百位的和只能为15，千位的和只能为3。数字总和为14+15+15+3=47。

213. 等式

□=50，○=0或2，△=2。

214. 问号代码

把每一行都看作一个三位数，由上至下，依次为17，18，19的平方。所以，问号中的数为1。

215. "账面"价值

90%的"账面"价值与125%的"账面"价值之间差了35%。因为35%相当于105元，因此，"账面"价值就等于300元（105÷35%=300）。

216. 加错页码

从1页到50页，页码的和为1+2+3+4+……+49+50=1275，那么多加的这页为1300-1275=25，25=12+13，所以多加的那张页码是12和13。

217. 按时归队

能。首先，让士兵甲跑步，士兵乙和丙骑车，骑到全程2/3处停下，士兵乙再骑车回来接甲，士兵丙这时跑步往营地赶。士兵乙会在全程1/3处接到甲，然后他们骑着车子往营地赶，他们可以和丙同时赶到营地。按这种走法，他们需要用时50分钟，可以提前2分钟赶回去。

218. 排列数字

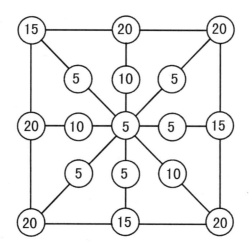

219. 固定的数

这个固定的数是37，算式为111÷（1+1+1）=37。

220. 代表哪一个数字

2178×4=8712。

因此，努=2，力=1，学=7，习=8；

1089×9=9801。

热=1，爱=0，祖=8，国=9。

221. 角度

两条对角线之间的度数是60°。如果将第3个面的对角线——BC连接起来，那么，就可以构成等边三角形ABC。因为同是立方体对角线，所以它们的长度都相等。由于是等边三角形，所以每个角的度数都是60°。

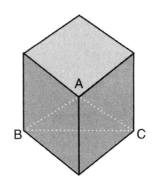

222. 爬井的青蛙

只需5天。前4天共向上爬12米，第5天白天正好爬完剩下的6米，爬出井口。

223. 细长玻璃杯

8次，根据题中条件计算出大玻璃杯的体积是小玻璃杯体积的8倍。

224. 走失的数字

答案是30。每个格子中的第2个数字是第1个数字立方加3得来的。所以走失的数字是$3^3+3=27+3=30$。

225. 最大的整数

答案是27。（4÷2+5−4）×9=27。

226. 数字之和

中间：503

内圈依次：496、500、497、501、498、502、499。

外圈依次：（从 503、496、500 那个菱形开始）509、508、507、506、505、504、510。

227. "奥赛" 试题

如果全部答对应得 100 分，小明得了 70 分，就是少得了 30 分。答错一题要倒扣 1 分，也就是错一道题少得 5+1=6（分），所以小明答错了 30÷6=5（道）题，答对了 20−5=15（道）。

228. 推算生日

出生于 1892 年，终年 53 岁。

假设他在世时某年年龄为 x，则 x 的平方小于 1945，且 x 为自然数。其出生年份为 x 的平方−x=x（x−1），他在世年龄为 1945−x=x（x−1）。1945 的平方根约等于 44.1，则 x 应为 44 或略小于 44 的数。而 x=44 时，x（x−1）=44×43=1892，算得其在世年龄为 1945−1892=53；又 x=43 时，x（x−1）=43×42=1806，得其在世年龄为 1945−1806=139；若 x 再取小，其在世年龄愈大，显然不妥。故 x=44，即他出生于 1892 年，终年 53 岁。

229. 填数字

如图：

14	10	1	22	18
20	11	7	3	24
21	17	13	9	5
2	23	19	15	6
8	4	25	16	12

230. 左撇子，右撇子

N是既是左撇子同时也是右撇子的学生数。

7N是左撇子的人数，9N是右撇子的人数。

那么N+6N+8N=15N即全班的学生数。

而右撇子在学生总数中所占的比例是9N/15N，即3/5，超过班上一半的人数。

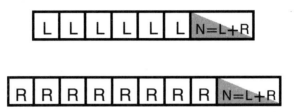

231. 数字相加

我们考虑这100个自然数分成的两个数列，这两个数列有相同的公差，相同的项数，且剩下的数组成的数列比取走的数组成的数列的相应项总大1，因此，剩下的数的总和比取走的数的总和大50，又因为它们相加的和为8450。所以，剩下的数的总和为（8450+50）÷2=4250。

232. 谁留下的墨迹

$$
\begin{array}{r}
289 \\
+764 \\
\hline
1053
\end{array}
$$

233. 下一个数

下一个是307。后数=前数+前数各位上的数字和。

269=256+2+5+6

286=269+2+6+9

302=286+2+8+6

302+3+0+2=307

234. 出生日期

这个男子是1973年出生的。注意：先估计大约年份为1970年左右，再根据数字和年份的特征推算出结果。

235. 有趣的珠子

因为第一堆的蓝珠子与第二堆的绿珠子同样多，所以第二堆的绿珠可直接和第一堆的蓝珠换位置，那么第一堆都是绿珠=80，加上最后一堆的20个，就是80+20=100个。

236. 纸牌

马尔文得到94.25元、哈维得到74.25元、布鲁斯得到41.25元、罗洛得到23.25元。

237. 射击比赛

根据题中条件，甲得：(208+64)÷2=136（分）；乙得：(208-64)÷2=72（分）。

又知甲、乙二人各打了10发子弹，假设甲打的10发子弹完全打中，应该得20×10=200（分），比实际多得200-136=64（分），这是因为每脱靶一发比打中一发少得20+12=32（分）的缘故。多出的64分里有几个32分，就是脱靶几发。由此可得，甲脱靶了64÷32=2（发）。

所以甲打中10-2=8（发）。

列出综合算式如下：10-［20×10-(208+64)÷2］÷(20+12)=8（发）。

同理，乙打中：10-［20×10-(208-64)÷2］÷(20+12)=6（发）。

238. 5个阿拉伯数字

因为5位数乘4等于5位数，所以"会"等于1或2，又因为"会"是偶数（"我"×4），所以"会"=2。"我"乘4末尾是2，"我"只能是3

或8，因为"我"大于或等于2×4=8，所以"我"=8，照这样的思路推算下去，就可得出我爱奥运会=87912。

239. 算式成立

1×2+3+4×5=6×7−8−9。

240. 两桶红酒

A桶中原有66升葡萄酒；B桶原有30升葡萄酒。

241. 9个空格

有两种填法。

1	9	2
3	8	4
5	7	6

2	7	3
5	4	6
8	1	9

242. 找规律

1992。观察图形可知，每层的白色正方形的个数等于层数减1，因此，第1993层中有1992个白色正方形。

243. 报数问题

解：

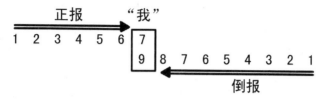

由图可知，共有16个小朋友。

244. 字母组合

答案是7083561429。

245. 给工人付费

把金条分成3段，分别是整根金条的1/7、2/7、4/7。

第一天：给1/7的。

第二天：给2/7的，收回1/7的。

第三天：给1/7的。

第四天：给4/7的，收回1/7和2/7的。

第五天：给1/7的。

第六天：给2/7的，收回1/7的。

第七天：给1/7的。

246. 教授的女儿

2岁，2岁，9岁，黑头发在遗传中为显性，可推测两个不是黑头发的女孩还在婴儿期，但显然不能是1岁，是3岁的话父亲年龄太大了。所以只能是2岁，2岁，还有一个就是9岁。

247. 吃饼干

4分。

248. 百米赛跑

不会，兔子和乌龟的速度是10比9，跑道长度变成了110比100，110：10为兔子跑完全程所需要的时间，依然小于乌龟跑完全程所需要的时间100：9。所以应该让乌龟先跑10米。

249. 神秘的字母A

是8。

A不能是0，否则M和N也都等于0。

A不能是1，因为乘积与AS不同。

A不是能2，因为这样乘积就不会是三位数。

A不能是3，因为不可能给A×A进位4。

A不能是4或7，因为不可能给A×A进位8。

A不能是5或6，因为这样要S等于0，这就使得N等于S；要么S等于1，这就使得N等于A。

A不能是9，因为这样就必须要进位8，使得A等于S。

因此，A必定是8。

虽然至此已经完成了本题的要求，但我们还是把S、M和N的值求出来：由于必须进位4，S一定是5或6；但是S不能是6，否则会使A等于N。因此S是5，整个乘法算式如下：85×8=680。

250. 会出太阳吗

不会出太阳。因为从中午起再过36个小时正好是半夜，而阴雨天和夜里是不会出太阳的。

251. 求面积

26面积单位。图形内部格点数为12，图形周界上格点数为4。根据毕克定理，格点面积=（内部格点数+周界格点数÷2-1）×2可知，图形的面积为：（12+4÷2-1）×2=26（面积单位）。

252. 多才多艺

该宿舍三种运动都会的最多有4人。因为三种运动都会的人不可能少于会某种运动的人数。

253. 神奇的数字

答案是：20408122449。前五位加上后五位的得数是多少呢？20408+122449=142857。

254. 水果拼盘

首先找到排列有什么规律：每一列都有这4种水果，每种1个，共8列，所以李子、梨、苹果、蜜桃各8个。

255. 笼中物

鸡脚加兔脚是6只，因只数相等，所以90÷6=15，笼中有15只鸡，15只兔。

256. 钱包

钱包里有2张50元的钞票、2张100元的钞票、4张5元的钞票。

257. 和尚分馒头

可以用"编组法"。由于老和尚一人分3个，小和尚3人分一个，合并计算，即4个和尚吃4个馒头。这样，100个和尚正好编成25组，而每一组中恰好有一个老和尚，所以可立即算出老和尚25人，从而可知小和尚有75人。

258. 没收钱币

商人最初就只有2个钱币。

259. 猜年龄

40年前，丽丝是18岁，所以现在她已经58岁了。

260. 速算

第一个数和末尾那个数、第二个数和倒数第二个数相加，它们的和都是一样的，即1+100=101，2+99=101，50+51=101，一共有50对这样的数，所以答案是50×101=5050。

261. 分羊

大儿子分得9只羊，二儿子分得6只羊，三儿子分得2只羊。

262. 能喝多少瓶雪碧

15瓶。10个空瓶换来3瓶，喝完后有4个瓶，再换1瓶喝完后有2个瓶，和商店借1个空瓶又换来1瓶，喝完后还给商店1个空瓶，一共15瓶。

263. 算一算

每个荔枝的重量为48×5÷（56−48）=30（克）。所以每个杏子的重量为30+5=35（克）。

264. 多少小方格

直接数白格不好数，我们可以数出图中长方形共有5×6=30（个）小方格，其中黑格7个，白格共有30−7=23（个）。

265. 猜数字

是16。从三角形左下角进行计算，围绕这个三角形按顺时针方向进行，这些数字分别是1，2，3，4，5，6，7，8，9的平方数。

266. 真实的年龄

现在的马奇30岁，妹妹今年10岁。

267. 认真的天平

因为1个秤盘和1块金条的重量相同，所以只要把左边的金条移动1

块到右边即可。即：（7+1）×3（指离轴心3格）=24=（4+1+1）×4（指离轴心4格）。

268. 白珠与黑珠

白珠和黑珠的排列规律是：1个黑珠1个白珠，1个黑珠2个白珠，1个黑珠3个白珠……（黑珠始终是1个，白珠是以1、2、3、4……的规律递增），所以方格里应该接着是5个白珠，1个黑珠，6个白珠，一共1个黑珠，11个白珠。

269. 4个4

（4+4）÷（4+4）=1

4÷4+4÷4=2

（4+4+4）÷4=3

（4-4）÷4+4=4

（4×4+4）÷4=5

270. 魔幻方框

如果组成两位数乘以两位数，只有46×79，如果组成两位数乘以三位数也只有23×158；而恰好运用1，2，3，4，5，6，7，8，9这九个数完成，故答案为46×79=23×158=3634。

271. 数字巧推

答案是31131211131221。

272. "排兵布阵"

由于每边上的三个数字和都相等，设每边和为S，从整体考虑将其全部相加和为5S，从个体考虑，除中间数加了5次外，其他数均加了1次，可看作8至18均加了1次，中间数a多加了4次，表示为（8+9+……+18）+4a。列出等式为5S=（8+9+……+18）+4a，化简为5S=143+4a，要使等式成立，4a的末位必须为2，得出三种答案：a=8；a=13；a=18。

故有三种填法。

273. 共卖出多少鸡蛋

姑姑总共有10个鸡蛋，共卖出了9个。

274. 蚂蚁搬面包

14641只蚂蚁。因为这道题干扰性很强，各找来的10个救兵并不能直接乘以10，第一次是11只，第二次是11×11=121只，第三次是11×11×11=1331只，第四次是11×11×11×11=14641只。

275. 书的价格

这本书的价钱是5元钱。哥哥没有钱，弟弟只有4元9角。

第四章 图形游戏

276. 拼图游戏

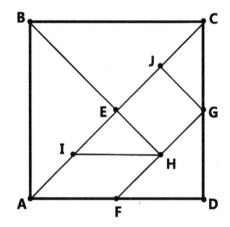

277. 猫鼠游戏

黑鼠。

278. 房子变球门

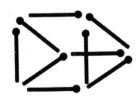

279. 箭头朝向

从上到下、从左到右：

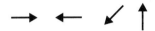

280. 五角星

如下图：

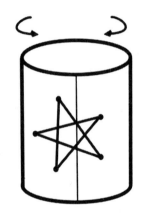

281. 哪个不一样

B图和其他的不一样，因为它是浅灰色的，而其他的是深灰色的。A图中的符号和其他的不一样，因为它是1，而其他的是2。C图也不一样，因为它是正方形而其他的是圆形。因此，D图的符号才是真正不一样的，因为它没有"不一样"的地方。

282. 曲线半径

3个圆弧看起来弯曲度差别很大，实际上它们是一样的，只是下面2个比上面那个短一些。

283. 贪玩的蜗牛

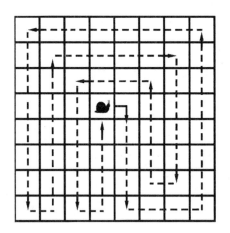

284. 哪个面积大

灰色部分比黑色部分的面积的1.3倍还多一点儿，视力错觉会让你觉得黑色部分面积大。

285. 城堡

有好几条路线供你选择，其中一条是：f–b–a–u–t–p–o–n–c–d–e–j–k–l–m–q–r–s–h–g–f。

286. 错误

挂倒了。

287. 神秘的图形

A。每个方块对面的那个方块都是自己的镜像。

288. 似是而非

图中只有最下方中间的那个儿童与其相同。

289. 隐藏的图形

如图所示：

290. 一起数一数

我们可以计算出，第二层差1块，第三层差2块，第四层差2块，第五层差1块，第六层差2块，第七层差2块。一共就缺少：1+2+2+1+2+2=10（块）。

291. 大圆变小圆

C。如果大圆变成小圆，小圆变成大圆，那B和D、A和E是相同的图形。

292. 镜中成像

最后两块没有遵循，方向反了。

293. 连点画图

如图示：

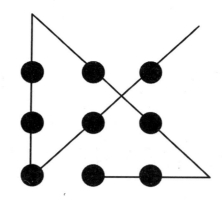

294. 宝石迷阵

如图所示，12个。

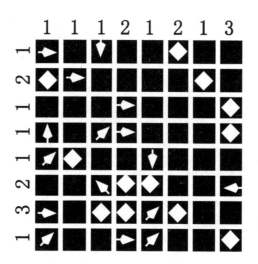

295. 巧分月牙

如图示：

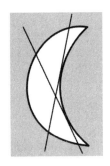

296. 补缺

B。

297. 一笔画

能，如图所示：

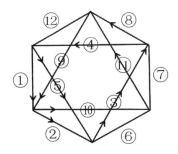

298. 巧分蛋糕

从各边中点连成的平面切开即可。

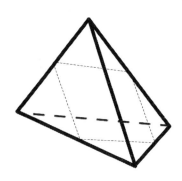

299. 巧拼图形

如图所示:

300. 分割正方形

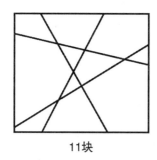 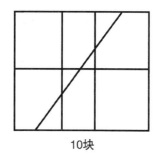

11块　　　　　　　　　　10块

301. 杯子中的金币

用嘴朝着杯口用力吹气,那么银币就会旋转起来,金币就可以飞出去。

302. 错误的多面角

设图中的帐篷形状是正六棱锥,那么棱锥地面是正六边形,每个内角等于120°。

如果侧面是正三角形,那么侧面的每个底角都是60°。

这时,在棱锥底面任何一顶点处的三面角中,三个面角将是60°、60°、120°,不满足"任何两个面角之和大于第三个面角"的条件。所以,这样的三面角不存在。

303. 拯救行动

如图所示：

304. 士兵配对

A–4 B–5 C–8 D–7 E–1 F–3 G–2 H–6。

305. 图形组合

D。左边图形中，有3个白色圆圈，1个黑色圆圈，1个三角形，只有 D 与它相同。

306. 摆摆看

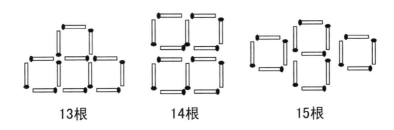

13根   14根   15根

307. 伞和火柴棒

如图所示：

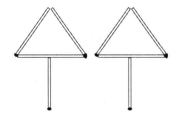

308. 镜子迷宫

309. 奇怪的文字

如下图，在中间画条直线，就会看到答案了。答案是：JUNE。

310. 哪部分无法被光照到

图中打"×"处，就是无法被光照到的地方。虽然只是一个很单纯的照明问题，事实上，照在墙壁上光线的敏感度却有差异，差异大约可分成五种程度，亮度顺序由大而小是 1、2、3、4，不过如果灯罩的内侧不是可以折射的材质的话，4 的部分应该也无法照到。

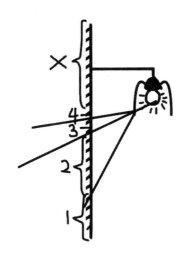

311. 字母大变身

把第一个字母右边的火柴放到第二个的上面，即 D 变为 C，U 变为 O，DUCK 成了 COCK，鸭子变为了公鸡。

312. 图形大搜捕

草花 9。每列上下两张牌数之和减去 2 为中间牌数。

313. 谁最特殊

E，其余都是中心对称图形。换句话说，如果 A、B、C、D 旋转 180°，将会出现一个完全相同的图形。

314. 这是几点

是 2 时 12 分。短针走一刻度相当于长针的 12 分钟，故当短针正指着某一刻度时，长针必有 0 分、12 分、24 分、36 分、48 分等几个位置。研究两针的位置之后，便可得出答案。

315. 错变对

（1）把62移动成2的6次方。2的6次方减去63等于1。

（2）把后面等号上的"—"移动到前面的减号上，使等式成为62=63-1。

316. "象"形文字

童，贡，嵌，崩。

317. 轨迹想象

如图：

（1）

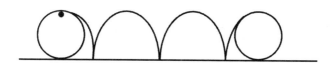

（2）

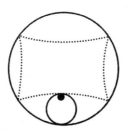

318. 不变的数字

如图：

319. 连点画方

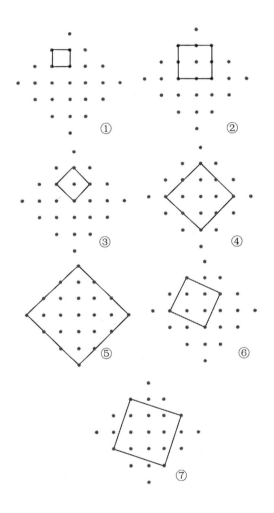

320. 破损的宝塔

10 和 16。

321. 巧送牛奶

如图:

322. 六边形

是 A。六边形中有六个三角形，每个三角形都有一条边和六边形的一条边重合，三角形的高依次增大，每一步增大的高度是六边形高度的 1/4。

323. 龟信

这是谐音"龟"（归）字。归、归……速归（竖龟）。

324. 空中解绳

攀登前，先把两条绳索的下端连起来。解开绳结一端的绳子，不是取下来，而是拉长挂在吊钩上，你可以转移到不打结的两股挂在吊钩的绳上，解开另一个绳结，然后再下到地面。

325. 隐藏的短语

隐藏的是"Nobel Prize"（诺贝尔奖）。图示为 no bell prize，与 Nobel Prize 谐音。

326. 直尺曲线

首先做一个正方形，在此正方形两个相邻的边上，分成等距离的一个一个的小段，如图所示，然后将其一点一点地连起来就会形成一条完美的曲线。不过，这条曲线，只是问题中所要求的一半，把两个这样的曲线对接，即形成题中所要求的曲线。

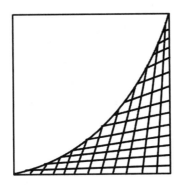

327. 有多少个等边三角形

35个。

328. 变小

如图一样，变成"小石"，不就变小了吗？

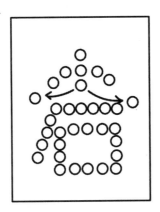

329. 麦秆提苏打瓶

将麦秆从一端约3厘米处轻轻折起，使其成"V"状，然后将这一端插入瓶中，慢慢调整麦秆直至把它卡在瓶中，便可以提起。如图：

330. 神秘的金字塔

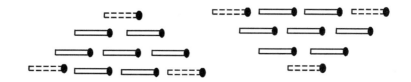

331. 三户人家

如图所示：

由于A直行必然与B、C相遇，只好让他躲开一点儿，绕过B、C。也可让C直行，A、B绕行，方法是相同的。

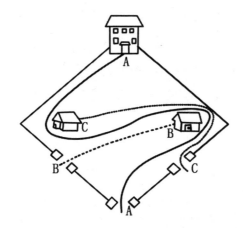

332. 画线

如图，只拐一个弯就行了。

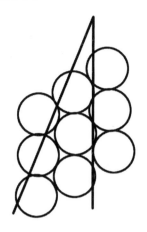

333. 国际象棋

必须经过除左上角的9个方格外的方格，但你要通过4步使"皇后"经过左上角的全部9个方格，如图所示：

334. 找图形

一共4个，如下图虚线圈起部分。

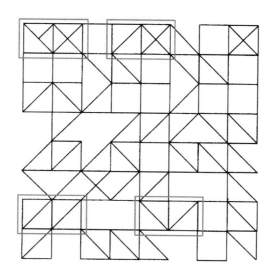

335. 店铺猜猜看

是酒店。

336. 等方孔圆

如图所示：

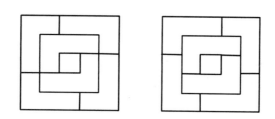

337. 找缺口

E。

338. 骨牌

3。

由左至右，点数交替增加3，减少1。

339. 水中鱼

它们有的向左，有的向右。

340. 移动铜板

共10枚硬币，排成横直都是6枚，显然是不够的。这就需要突破常规思维。如果在一个位置放2枚呢？处在十字中心的1枚是与横直都有关联的。将这个位置重叠1枚，问题便迎刃而解了！

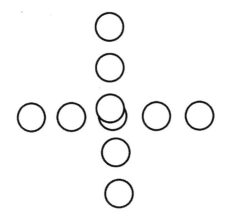

341. 高明的裁剪师

姐姐经过细致观察，针对都是曲线的特点，各从中间剪开，便拼成了正方形。

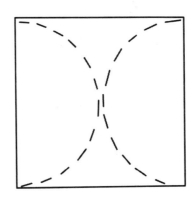

342. 龙虾的头

如图所示：

343. 颠倒三角形

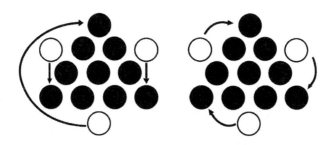

344. 飞船

从 2 号指挥中心进去，然后是 E、N、H、3、J、M、4、L、3、G、2、C、1、B、N、K、3、I、N、F、2、D、N、A、1。

345. 小猪转向

现在的小猪是头在右方而尾向左方的。要使它变成头在左而尾在右方，没有必要打乱重摆。因为决定小猪站立的方向，关键在头尾。其实，只要把头下方的一根火柴移放到尾下方，小猪便调转方向了。

346. 授奖台

把这个阶梯式的图形，拼成正方形，必须考虑如何使锯齿形的边相互吻合。从各个台阶都是对称相等的特征剪左拼右或剪右拼左，都可以拼成正方形。如图：

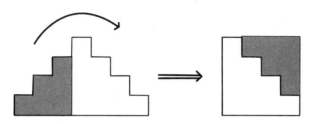

347. 正方形叠放

不能决定 D-11 和 B-13 的顺序，类似地，C-12 可以放在 8-12 的任意一步，见下图：

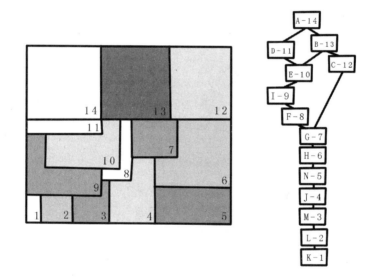

348. 符号分解

如图所示：

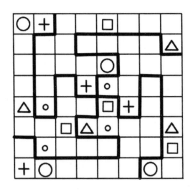

349. 黑点方格

D。每一行或列小方格中的黑点数目都不同。

350. 你看到了什么

这个可以看成是驴也可以看成是海狮。

351. 排列规律

D。在其他各项中，将直线两端的横木数量相乘，都得到偶数值。只有D项得到奇数值。

352. 美女还是帅哥

解：如果你从左向右看，中间两个较模糊的，你会把它们看作帅哥的脸；相反，若从右向左看，中间两个则会被看作美女的身体。

353. 火柴变字

4个。

354. 巧断连环诗

一共有五种读法：

（1）

秋月曲如钩，

如钩上画楼，

画楼帘半卷，

卷一痕秋。

（2）

月曲如钩，

钩上画楼，

楼帘半卷，

卷一痕秋。

（3）

月，

曲如钩，

上画楼，

帘半卷，

帘半卷，

一痕秋。

（4）

秋，

月曲如钩上画楼。

帘半卷，一痕秋。

（5）

秋痕一卷半帘楼，

卷半帘楼画上钩。

楼画上钩如曲月——秋。

355. 两个单词

"Figure" 外围较暗边缘形成 "Ground"。

356. 等距画点

把纸卷起来，然后在纸的边缘上点3个点，使每一点都落在两层纸上。打开纸后，就会见到6个点，其中有3个点与另3个点的距离相等。

357. 巧画平行线

把三角板竖立起来，在两侧画线，即把三角板的厚度当成平行线之间的宽度。

358. 分隔术

如图所示：

359. 音符

选项G是其他音符的镜像，其他所有的音符都可以通过旋转另外的音符而得到。

360. 骨牌覆盖棋盘

许多与棋盘有关的题目以及其他谜题都可以通过简单的奇偶数检验法解决。

第1个棋盘中，无论你用什么办法都不能覆盖空缺的棋盘，而证明方法很简单。除空缺外，棋盘上有32块灰色方块，但只有30块深灰色的。1块多米诺骨牌必须覆盖颜色不同的两个方块，因此第1个棋盘不能用31块多米诺骨牌覆盖。

如果从棋盘上中移走2个相同颜色的方块，剩下的方块就不能用多米诺骨牌覆盖。

该原理的反面由斯隆基金会主席拉尔夫·戈莫里证明。

如果将2个颜色不同的方块从棋盘移出，剩下的部分必然能用多米诺骨牌覆盖。

因此只有第2个棋盘能全部用多米诺骨牌盖住。

361. 找寻猫尾

①H，②D，③C，④G，⑤B，⑥F，⑦E，⑧A。

362. 藏在猫脸中的老鼠

在猫的眼睛下面，有老鼠的面孔。

363. 六角变花

如图所示：

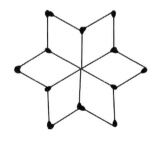

364. 巧锯正方形

如图所示：

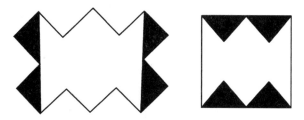

365. 转移

C。

366. "皇后"走格子

如图所示：

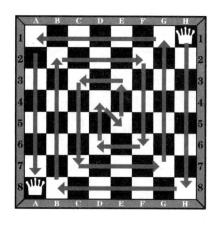